心智解讀

自閉症光譜障礙者之教學實用手冊

Patricia Howlin、Simon Baron-Cohen
與 Julie Hadwin ◆ 著

王淑娟 ◆ 總校閱

王淑娟、周怡君、黃雅祺、賴珮如 ◆ 譯

Teaching Children with Autism to Mind-Read

A Practical Guide for Teachers and Parents

**Patricia Howlin, Simon Baron-Cohen
& Julie Hadwin**

目次

PART ❶ 緒論　　001

作者簡介

Patricia Howlin

任職於倫敦大學聖喬治醫學院（St. George's Hospital Medical School, University of London）

Simon Baron-Cohen

任職於劍橋大學（University of Cambridge）

Julie Hadwin

任職於肯特大學（University of Kent）

總校閱簡介

王淑娟

現任：國立臺中教育大學特殊教育學系副教授
經歷：彰化基督教醫院語言治療師
　　　私立中山醫學大學復健系聽語治療組講師
　　　臺中市市立復健醫院語言治療師
　　　國立彰化師範大學特殊教育學系兼任副教授

譯者簡介 （按筆畫順序排列）

王淑娟

同總校閱簡介

周怡君

國立臺中教育大學特殊教育學系碩士
南開科技大學身心健康中心資源教室輔導人員

黃雅祺

國立臺中教育大學特殊教育學系碩士
臺中市情緒與行為障礙巡迴輔導班教師

賴珮如

國立臺中教育大學特殊教育學系碩士
彰化縣自閉症巡迴輔導教師

譯者序

　　近幾年由於特殊教育的推動，與國人對身心障礙者的關懷重視，「自閉症」一詞已成為國人不陌生的名稱。長期以來，不管醫療、教育界和研究學者也都努力想要解開自閉症候群者〔現正式的名稱為：自閉症光譜症候群（autism spectrum syndromes）〕在語言、溝通、情緒以及人際互動困擾之謎。因此，先後已有不少人提出相關的理論和教學介入策略，然而至今仍然無法完全解決自閉症者在各領域知識的「實用」能力。

　　在本人職業生涯中，從最初心理學領域基礎，而一腳跨入語言治療工作多年，又機緣下在特殊教育界服務，始終也都有機會與自閉症者接觸，這其間不斷地在思索該如何能突破這一族群在溝通與人際互動的問題——「無法跳脫出自身的立場，以對方的角度來看待事情」困難，直至閱讀到「心智理論」（Theory of Mind）大師 Simon Baron-Cohen 同時亦是本書作者之一對自閉症者的論點後，終稍能解開心中大惑。不過，也一直苦感於沒有一本以中文書寫而可以在課堂上使用的教科書，或教學輔導職場上使用來為老師或家長說明的相關書籍，所以基於自己的工作需求和教學實務上的需要，萌生翻譯此書的想法。

　　在翻譯的過程中，本翻譯小組四人盡可能依照本書原作者之運用圖畫呈現情境，以「表情圖」作為情緒反應的方式，同時符合視覺與具體的教學策略來教導自閉症者；在文字之書寫方面，則以深入淺出的原則為主，以期能讓家長們輕鬆易讀且能按照書上所提供之步驟進行教學，以達有效教學為目的。

　　本書翻譯之完成，前後共花費我們整整一年不眠不休的時間，心中真的很感謝成員中的珮如、雅祺和怡君三位的辛苦。尤其這期間你們三位也同時要為自己的研究論文努力，在忙碌奔波之餘，還抽空翻譯此書，此種心志與

毅力確實難能可貴，相信我們小組培養出來之情感亦是讓我們留存一輩子，永難忘懷的！

在翻譯過程中，承蒙心理出版社林敬堯總編輯的支持與鼓勵，心中著實感激，此外，特別感謝執行編輯高碧嵘小姐的細心更正與建議，使本書更加完善而得以順利付梓。

最後，希望閱讀此書的讀者都能從中獲益！

王淑娟 謹識

國立臺中教育大學求真樓

2011.3.30

給教師和家長的小叮嚀

本書提供你豐富的教材圖片，讓你可在家裡或教室中使用，亦以多元的方式來呈現提升孩童心智、思想、意圖、欲望和情緒的不同教學範例，讓你可應用在實務教學上，以克服無教材使用的窘境。有時你可能對相關專有名詞不甚瞭解（例如在緒論中），但是請你不要氣餒！再三強調，本書為了適合給不同專長領域的讀者閱讀，所以以淺顯易懂的方式來撰寫。我們希望能透過書中圖片的應用，達到自我學習的效果，並讓你發現它實用的價值。身為作者的我們會很樂於見到你善加利用本書。

PART 1

緒論

❖ 理論背景

　　自閉症是一種複雜的疾病，它影響到孩童許多方面的功能，特別是在社交行為與溝通能力的發展影響最大，甚至是非語文智商也深受影響，這些困難會隨著僵化的行為模式、已固著的興趣與儀式化的行為而更加嚴重[1]。儘管有大量的研究企圖解開自閉症成因之「謎」[2]，然而目前所知仍有限。在眾多的個案中，遺傳因素是顯而易見的重要關鍵，但至今仍未發現特定的遺傳模式。運用行為特質來減少一些自閉症次要的行為問題是有效的治療方法[3]，但對於社交和溝通方面的異常卻往往無法改善，而這正是本書想要正視的問題。

❖ 改善自閉症社交和溝通缺陷方面的早期研究

　　早期有數百項的研究，希望增進自閉症孩童和成人在社交與溝通方面的技巧[4]。例如藥物、維生素和飲食治療，或「擁抱」、「音樂」與「寵物」等介入療法，以及支持性溝通訓練（facilitated communication）、感覺統合，還有其他各類的方案，以上介入或治療方式都有其不同的訴求重點。但可惜的是，這些宣稱成功的介入與治療卻缺乏實徵性的研究。目前被證實最成功的介入方式是結構化教學，其重點在於發展更適當的社交和溝通技巧[5]。有一些研究已經開始探討安排非障礙的同儕與自閉症孩童相處[6]，降低焦慮的技術也

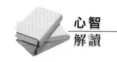

經證實能有效改善自閉症孩童的社交互動[7]。另外，角色扮演（role-play）和戲劇技巧（drama techniques）也可以用來發展社交技能；同時，錄製影帶可以提供有效的回饋，有助於減少自閉症不適當的行為，例如：不當的眼神注視、怪異的臉部表情或聲音語調[8]。

❖ 傳統介入方法的限制

雖然溝通及社交技巧的介入方案在社交功能方面有所成效，但卻未考慮在類化情境方面的限制。更進一步來說，這一些方案也沒有足夠的證據顯示確實能有效地改善自閉症的社交理解能力。此外，自閉症孩童在同時運用語言和非語言技能（如眼神接觸、微笑和手勢）方面也十分缺乏[9]。對於自閉症而言，社交理解的困難是主要的問題，因此，只專注於某一特定的功能障礙所形成的介入方案，其療效之有限應是可預期的。因此，可以合理地假設，若把介入之焦點放在發展其社交理解的關鍵能力，或許在社交行為方面能產生更普遍的影響。也就是說，不是在特定情況下試圖改變特定的行為，而是運用改善社交理解的介入方式，應可期待在其個人的社交和溝通技巧上，能有更廣泛的質方面的變化。

但是，是什麼社交理解的關鍵能力最有可能對整體發展產生這種影響？最近針對正常幼童的研究，已逐漸強調「心智理論」發展的重要；此即為本書作者極力建議今後的介入方案需要特別重視的領域。

❖ 正常孩童的「心智解讀」能力[10]

「心智理論」的定義是能夠推斷他人的心理狀態（他人的思想、信念、欲望、意圖等），並有能力使用這些訊息來解讀他人的語言、理解他人的行為和預測他人的行動。在幼兒開始說話時，即可透過他們描述行動的語言，清楚瞭解他們的心理狀態。一般正常孩童早在十八個月到三十個月大時即能指出一系列的心理狀態，例如：情緒、欲望、信念、思想、夢想、假裝

等 [11, 12]。實驗研究顯示孩童的心智能力在三至四歲時已發展成熟。最近的學者曾對此論點產生爭辯，質疑若以心智能力觀點來解釋自閉症的話，是否可以稱為一種「理論」？本書在此暫不先討論這個問題，將以較中性的語詞「心智解讀」（mind-reading）稱之。

Dennett [13] 建議以「決定性考驗」〔「嚴峻性的考驗」（acid test）〕來判斷一個孩童出現涉及錯誤信念情境中是否擁有心智解讀能力。舉例來說，有一個情景是：孩童知道錢藏在舊的花瓶中，但 Burglar Bill 認為錢是藏在抽屜裡，所以孩童應該會判定 Bill 會去錯誤的地方找錢——也就是書桌的抽屜。Wimmer 和 Perner [14] 應用這個錯誤信念的任務，指出一般孩童約在四歲左右即能夠通過這樣的考驗。實驗的程序 [15] 說明如圖 1.1。

由圖 1.1 可以瞭解測驗程序：當 Sally 不在現場時，她的彈珠被 Anne 放到其他的位置，此時 Sally 並沒有看到彈珠被移動，所以她不會知道彈珠被移動過了，因此，她仍相信彈珠在原來的位置。接著詢問受試者：「Sally 會去哪裡找她的彈珠呢？」（這是考驗信念的問題）；針對這個問題，大多數的四歲孩童應該都能夠正確回答出答案。

孩童能夠理解錯誤信念是一個很複雜的過程，因為孩童必須考慮到 Sally 的信念，以便正確預測她的行為。然而，正常孩童甚至在更早的階段，就能清楚地察覺別人腦海中的訊息為何。對於這種察覺能力，可從孩童是否有能力通過視覺觀點取替（visual perspective-taking）的測驗得知。有關視覺觀點取替測驗有兩個層次，層次一是能預測他人看到什麼。這是兩歲孩童即能出現的能力 [16]。因此，當兩歲孩童被要求回答出視覺觀點取替的測驗時，他即可將儲存在腦海中的訊息和所講的內容配合視覺所見的合理性來做判斷。層次二是指孩童有能力去推斷別人的觀點。看起來孩童在這個階段似乎需要更長的時間得以發展完成，但事實上，孩童一直到三至四歲時就能通過層次二的任務。例如，圖 3.2 大象圖片的測試（正確答案應取決於孩童是否能以自我覺察及他人覺察的觀點來看待事物），未滿三歲的孩童尚未具備此種能力。

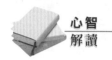
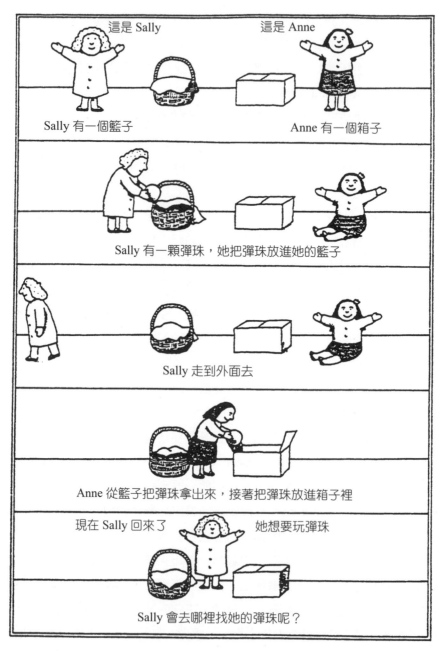

圖 1.1　Sally 和 Anne 的測驗（reproduced from Baron-Cohen, Leslie and Frith, 1985）

　　孩童瞭解「看到導致知道」的原則即為孩童心智解讀能力發展的成果。例如，在 1990 年 Pratt 和 Bryant 的實驗中（詳見本章的參考文獻及註解編號 17），三歲的孩童很容易就能指出這兩個人知道在箱子裡的是什麼，如果其中一個看到什麼東西裝進去箱子裡，而另一個也一樣會知道箱子裡裝的是什麼東西[17]。這種結果表示，即使孩童在這麼小的年齡都知道透過感官資訊以獲取知識的重要性。

　　在許多有關孩童如何瞭解訊息狀態的測驗研究中，究竟是以何種方式知道孩童是如何理解欲望與情緒呢？所謂欲望指的是一個人主要的心智狀態，另一個心智狀態能力指的是信念，信念即是指能夠理解他人的行為。所有各類行為能夠被解釋，是依據解釋者的信念和欲望。舉例來說，一部電影劇情是主角鬼鬼祟祟地踮著腳尖走進空盪盪的房間裡；此時觀賞電影者會設身處地理解劇中主角的想法；試圖理解劇中主角不想被注意到的欲望。這就是能以劇中主角的觀點來思考。一些研究發現，正常孩童較先發展理解欲望的能力，而後才發展理解信念的能力──事實上，早在兩歲時，孩童即能清楚地理解欲望[18]。一般稱孩童兩歲的階段為「恐怖的兩歲」（terrible twos），即是孩童在這個年齡已覺察自己的欲望和父母的欲望明顯不同時，感到挫折的狀態。

　　關於情緒解讀方面，在嬰幼兒時期就可以分辨高興、難過、生氣和害怕的臉部表情。到了三歲，他們可以預測何種情況會影響情緒；到了四歲，他們能夠考慮到別人的欲望和信念，並預測他人將有什麼感受。例如：如果John想要一本新書，但他認為包裹裡裝的是另一個東西，此時他會感到難過。

　　「假裝」（pretence）是另一個研究心理狀態的重要議題。一般的兒童早從十到十八個月大就開始進行假裝遊戲（pretend play）[19]。實驗也顯示有口語能力的孩童，在他們能回答問題時，早已能清楚區辨假裝與事實的差異[20]。因此，雖然孩童進行使用香蕉假裝電話的遊戲，但實際上在辨認香蕉和電話這兩樣物品的功能是沒有困難的。對於孩童發展層面而言，這顯然是一個難能可貴的發展成就。

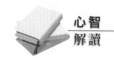

❖ 心智解讀的重要性：我們用它來做什麼？

理解社會行為

在這個階段，我們需要好好思考為什麼孩童可以習得這麼多豐富的社會行為知識主體：當孩童擁有「心智解讀」能力時，他能得到什麼益處？Dennett 有可能是第一位提出心智解讀是瞭解人類世界不可或缺能力的人。他將這種能力歸因於人類的心智狀態，這就是早期 Dennett 對人類心智解讀的看法。就我們對 Dennett 說法的瞭解，他認為人類行為可予以公式化，並且可去預測人們下一步的行為。

「心智解讀」的另一個名字是「通俗心理學」（folk psychology），這對心智解讀而言，或許是一個較好的名稱。為什麼用這個名詞比較好？因為這個名詞點醒我們要瞭解人類應該以一種較為簡單且直接的方式來解讀。正如 Dennett 所指出：

> 我們一直使用「通俗心理學」來解釋和預測彼此的行為；就像我們習慣藉由彼此的認識來解讀彼此的信念和欲望——這是相當直覺的反應——我們使用絕大部分清醒的時候，來系統化的這個世界——心智的解讀包括我們自己——還有許多許多……舉例來說，每次冒險開車上高速公路明知道是具有危險性的，但還是照樣在高速公路開車，主要的動力來源是因為有強烈的欲望和需求，而驅使我們去冒這個險，這就是用來解釋產生強大動力和有效行為的理論。例如：當我們看一部電影中的英雄微笑時，同時我們可以快速的理解英雄微笑背後的意涵（但或許是不自覺地推斷行為）[21]。

瞭解何謂「溝通」

　　心智解讀的第二個功能是瞭解何謂「溝通」，一個最知名的例子是由一個語言學家 Grice[22] 所提出的。他主張當我們要瞭解一個人說話的內容，重要訣竅就是要能去想像他的溝通意圖（communicative intention）。所以，當警察追捕強盜時，警察會先設想強盜知道他要強盜丟掉手中的槍，所以警察對著強盜喊：「丟下它」，強盜也能馬上知道警察所說的「它」是指自己手中的槍，因為強盜很明確地知道警察說這句話的意圖是要他放下手中的槍。同樣地，如果一個美術教師說：「今天我們要來畫關在籠子裡的兔子」，教室裡的學生會理解到重點並不是要在兔子身上畫上顏色，而是要在圖畫紙上畫出兔子。顯然地，在解讀這種隱喻式的語言（figurative speech）（例如諷刺、挖苦、隱喻或幽默）時，心智解讀的能力是很重要的，因為說話者並不希望聽者直接從字面上來解讀。

　　就複雜的溝通意圖來分析語言，對語言的解碼不只是字面上的分析而已，需要解讀者花更多的精力去判斷。我們必須先假設說話者的心理狀態，才能清楚解讀我們所聽到的話語。Grice 並不把這樣的歷程限定於文字上，更擴及非文字的溝通。例如 A 站在一個通道前伸出手臂打開手掌，B 會馬上理解到 A 即將要通過這條通道（這是建立在 B 瞭解這個手勢意圖的前提之下，才構成溝通行為）。

　　心智解讀在成功的溝通模式中，另一個重要的角色是說者要能夠監測並察覺聽者的資訊需求（informational need）。也就是說，要有能力判斷聽者能理解哪些知識，還有哪些不知道，並且要能知道提供何種資訊來幫助聽者可以理解溝通的意圖。所以，一個成功的溝通行為，說者必須不斷地監測自己所發出的訊息是否能夠被正確解讀、是否需要換句話說、是否需用更精準的遣詞用字取代模稜兩可的語句，這樣的歷程可以顯示出溝通行為的本質和心智解讀能力有高度相關性。

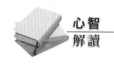

心智解讀的其他功能

在社交理解和溝通方面一直強調心智解讀能力的重要性，因為無疑地這應是它最重要的功能。然而，心智解讀能力還有許多其他的功能，以下將詳細說明。

第一先討論「瞞騙」（deception）。讓一個人相信某一樣東西是真實的，但它實際上是虛假的，這就是所謂的瞞騙。一般而言，正常孩童大概是在四歲時有辦法進行具說服力的瞞騙行為，而這時期孩童也才剛具備有錯誤信念的能力[23]。

第二要討論「同情心」（empathy）。心智解讀能力可以賦予孩童去推測他人如何進行理解事件以及他人對事件的感覺情緒為何。例如，一位三歲的孩童能夠理解他人因為外界情境而造成的情緒反應；大約到五歲時，能善於理解他人的感情，也就是說孩童能根據自己以為的原因去瞭解他人的情緒（例如：一位孩童說出「Jane很高興，因為Jane認為自己贏得了比賽」），不論他們的想法是否符合事實[24]。

接著，將討論心智解讀能力的附加功能（spin-off），它是屬於一種自我意識或自我反映。一旦能歸因自己的心理狀態，也就是它可以開始反射自己的想法了。因此，四歲的孩童能區別事實[25]，且能認清他們信念錯誤之處（例如：「我認為這是……，但也許我錯了」），並辨認有關於他們行為的原因（例如：「我到車底看有沒有我的球，因為我認為球在那裡」），以及訊息的來源（例如：「我知道今天是Kate的生日，因為媽媽告訴我」）。顯然，這是孩童他們的思想能力上，從「此時此刻」狀態轉變到把重點放在自己的主觀性。除此之外，心智解讀的另一個好處是，一個人在實際行為嘗試前，他們可以在自己的心中預設問題並試想可能的解決辦法（例如：「試想，如果我做……會成功嗎？」等）。

最後，心智解讀的第四個功能是用教學或試圖透過說服等方式來改變一個人的想法。心智解讀之所以具備這樣的功能，主要是因為若要瞭解他人的

想法和信念所形成的訊息，必須要這個人可以說出自己的想法來改變他人的所知或所想。

❖ 自閉症的「心盲特質」

　　一般人在孩童時期就能自然地理解自己和他人的想法[26]。然而，越來越多的研究表示，自閉症孩童在推理他人的心理狀態有特殊的困難，並已提出輔導方式來改善這個特殊困難，讓自閉症能有所進步[27]。舉例來說，在理解錯誤信念的測驗中，相較於一般孩童和心智年齡較低的學習障礙孩童的表現，自閉症孩童在這方面的能力顯示出較大的理解困難[28]。大多數自閉症孩童無法通過「理解錯誤信念」的測驗；不管以任何樣本數量相比較，都僅僅只有少數 20% 至 35% 比例的自閉症孩童能通過。然而，針對信念理解問題進行更多測試，包括次級理解（second-order）、系列性信念（nested beliefs），或信念的信念（beliefs about beliefs）（例如：「Anne 認為 Sally 認為……」）——這些是六到七歲正常的孩童已能正確理解的範圍，但是許多自閉症的青少年無法達到這樣的能力[29]。由此看來，絕大部分的自閉症孩童無法理解信念的議題，理解程度甚至不及三至四歲正常孩童的水準，但少部分自閉症者可以理解；顯然地，自閉症孩童的信念理解能力無法達到六至七歲正常孩童的能力水準。明顯地，在自閉症孩童發展信念方面，發生了某些問題。

　　有個著名的「瞞騙」實驗，可讓我們更瞭解自閉症無法理解個人與他人信念的情況[30]。正如前面所討論的，因為信念需要藉由操縱瞞騙的行為才能形成概念，這正是自閉症孩童在信念理解的困難之處。例如，在一個簡單的瞞騙測試「猜錢幣遊戲」（Penny Hiding Game）[31] 中，當要求孩童把一元錢幣藏在左手或右手，自閉症孩童無法把一元藏起來；當猜的人要猜的時候，他們不知道「猜錢幣遊戲」的規則[32]。舉例來說，他們忘記要將空的手握起來，或者他們在眾目睽睽之下把一元藏起來，或他們在猜的人猜之前，就直接告訴猜的人一元在哪裡。相反地，學習障礙的孩童與三歲正常的孩童，就很少會出現這種錯誤的情形。

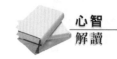

　　究竟自閉症孩童瞭解他人心理狀態的程度為何？當詢問自閉症孩童，如果給故事中的主角他們想要或不想要的東西時，他們會有什麼感覺？在回答這個問題時，自閉症孩童大多可以回答出正確的答案，顯示他們擁有與相同心理年齡孩童的表現水準[33]。因此，他們似乎具備這種理解簡單欲望問題的能力。同樣地，在理解概念的測試中，自閉症孩童均已具備兩個層次的視覺觀點取替概念，在這方面的表現，他們發生的錯誤率不高[34]。

　　情緒是另一個關鍵的心理狀態。Hobson[35]早期的研究發現，自閉症的受試者對於情緒表情配對測驗方面的表現遠低於其他組別的受試者。其他的研究則著重在自閉症孩童預測他人情緒而非表情辨識方面。這些研究的目的在證實自閉症孩童能理解多少引發情緒的起因——在一個特定的情況下，這個人會覺得如何。如前所述，三到四歲的正常孩童能理解情緒可能是由何種情境（例如：美好的情境讓你感到高興，煩人的情境會讓你感到難過）和欲望（例如：滿足欲望使你快樂，沒有兌現的話會讓你感到難過）所引起。四至六歲的正常孩童已明白信念可以影響情緒（例如：如果你認為你即將得到自己想要的，你會感到高興，如果你覺得你不會得到，你會感到難過，無論最後結果你是否獲得）。

　　自閉症孩童已被證明能夠判斷故事主角在特定情境下的情緒，這樣的能力與學習障礙孩童預測已知的欲望狀態的情節中主角人物是具相同能力的。然而與五歲正常的孩童或學習困難的孩童相較之下，自閉症孩童預測故事主角在信念所導致情緒方面的能力明顯不足[36]。這意味著，「簡單的」情緒也許是自閉症孩童可理解的，而「複雜的」情緒對他們會造成相當大的難題。

　　自閉症孩童對「假裝」（pretence）的理解上也有明顯的困難。通常，兩歲幼兒即會進行假裝遊戲（pretend play）[37]，當自閉症孩童具備兩歲語詞的心理年齡後，仍極少自發性地出現假裝遊戲[38]，相較於學習障礙的孩童在這方面的表現明顯不足[39]。

❖ 臨床經驗的實例 [40]

關於心盲（mindblindness）其啟發性遠遠超過單以實驗性的研究所談論的更多。自閉症心智文盲困難將導致他們在社交和溝通功能上的障礙，且終其一生皆會受其影響，如以下例子所示：

不易感受他人的情緒

Frederick 是一位十二歲自閉症男孩，他的父母非常擔心 Frederick 是否能融入當地的中等學校。在 Frederick 入學的第一個禮拜後，他的父母果然接到令他們感到恐懼的通知，告知他們 Frederick 會在全校集會聆聽校長訓示時，走到台上並對校長發表自己當時的感受。事實上，這種情況是公眾集會的場合，學生應在台下仔細聆聽，而 Frederick 無法判斷該情境適合的行為。

無法考慮他人所知的訊息

Jeffrey 是一位任職於電腦公司的自閉症青年，平日生活中，只要他自身經歷過的事件，Jeffrey 也會認為別人應與他有相同的經歷，他不暸解別人無法感受到他的經驗。因此 Jeffrey 也不知道當他沒有提供必要的基本背景與資訊給同事時，同事無法暸解他論點的來龍去脈。

在與人建立友誼時，無法解讀和回應他人的意圖

Samantha 是一位十歲就讀融合教育學校的自閉症女孩，她的父母親曾仔細地教導她正確地說出她的姓名和住址。顯然地，能說出自己的姓名和住址是交朋友時必要的能力，因此她在和其他孩童說出她的名字和地址時，如果其他孩童沒有邀請她加入遊戲或予以回應時，Samantha 就會攻擊最靠近她的孩童。

交談時無法解讀聽者所感興趣的話題

Robert 是一位十二歲就讀於融合教育學校的男孩，他經常向同儕及老師

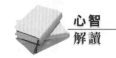

發表極為枯燥的長篇大論，例如：不引人興趣的汽車負載量、橋樑結構，或罕為人知的醫學知識，這些行徑經常惹惱他的同儕和教師。他也會跟任何人隨意討論這些晦澀的話題，雖然對方已表現出不感興趣，然而，他依舊繼續熱烈地和對方分享。

無法察覺說者預期的含意

David 是一位十四歲的自閉症學生，美術課時，他的老師要求他畫他隔壁的孩童；David 從字面上來解讀老師所說的話，於是，就直接拿起色筆往他隔壁的孩童身上著色，由此可見，David 無法瞭解老師話中真正的意思。

Leo 是一位年輕的職員，與 David 同樣有這方面的困擾，他也會僅以他人話語的字面意思來採取行動。因此，如果有人此時被激怒，以咬牙切齒的語氣對他說：「你斗膽再做一次看看……！」此時他會迅速且樂意地去行動，然而此種行為恰與說者實際的願望完全相違背。

無法預期他人對某人行為的想法

當Joseph十幾歲時，經常和陌生人分享個人的隱私，而沒有領悟到與他人談論有關於個人身體的功能或是家庭生活親密的細節，其實是一件極為不適當的舉止。舉例而言，每當天氣熱的時候，他會當眾脫下他的衣服，並不會感到不好意思，但這樣卻造成別人的尷尬。

雖然這樣的問題隨著 Joseph 的成長而有所改善，但在他開始到電腦公司上班後，類似的困難又再度發生。他無法瞭解個人應有的隱私和空間，因此常會無故在女性同事的辦公桌附近遊蕩，或搭乘電梯和排隊時，不由自主地傾身靠近。經過幾個月後，公司以性騷擾為由解雇他。

無法理解誤解

Michael是一位自閉症青年，在他攻擊寄物處服務員後被解雇了。Michael對於「因為服務員給錯票根」而用傘攻擊服務員一事，並沒有表現懊悔之意，因為他做事一向小心謹慎，所以無法理解他人有可能犯錯。後來，他仍然對

他失去工作的事情感到困惑，他認為該被解雇的應該是寄物處的服務員，而不應該是他。

無法瞞騙或理解騙局

John 是一位二十五歲的自閉症成人，在珠寶店工作。大家認為他極為誠實，所以讓他保管保險箱的鑰匙。然而，新來的夜間警衛利用 John 無法理解騙局的狀況，說服他將鑰匙提供給其他人使用。某天晚上，新來的夜間警衛藉機問到鑰匙，John 就毫不設防的馬上將鑰匙遞交給他，結果鑰匙和保險箱裡面的東西全都不見了，所以他被指控是竊盜的幫兇。雖然這些指控到最後不成立，但 John 始終不明白他不再繼續被雇用的原因。

無法理解他人行動背後的真正原因

David 是一位在社交上有極大困難，但智力正常的二十歲自閉症成人，他在他叔叔的公司工作。叔叔顧及到 David 社會行為的特定模式，幫他安插一個單純適合 David 職務的工作。然而 David 不但不感謝叔叔苦心安排，反而因為沒有讓他成為管理公司的董事而感到憤怒。在幾天後他離職了，從此之後，他對曾經努力幫助過他的人都懷恨在心。

無法理解「不成文的規定」或約定俗成的慣例

Jan 是一個二十五歲的自閉症成人，他花了數個月的時間參加一個促進社交技巧的成長團體，極力想要藉此改善自身與人互動的社交技巧。事實上，團體的帶領教師也花極大的心力試圖幫助他發展「開場白」（gambits）、找出彼此有興趣的主題或稱讚對方的容貌。當 Jan 第一次參加舞會後，他開始對自己充滿自信心，因為在那天晚上，Jan 能夠花一整晚時間與一個年輕女孩聊天。事後，帶領教師好奇地問他「你與那女孩都聊些什麼？」Jan 回答：「嗯～～我告訴她，她看起來很漂亮，而且說我多麼喜歡她的紅色洋裝，因為洋裝顏色與她的齒齦顏色好相配！」（譯註：不識相）。

以上諸多例子，乃是自閉症者錯誤解讀他人心智之冰山一角，但是這些

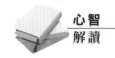

例子足以充分反映出自閉症者經常無法正確理解他人的行為與談話。所以從例子中能夠更讓我們看清，自閉症者因無法解讀他人心智之能力，常導致他人的排斥、孤立，甚至因彼此的誤解而遭受虐待。

❖ 心智解讀能被教嗎？

一般的孩童似乎不需要明確的教學便能解讀他人的心智。不過，可以對先天不具這項能力的孩童進行明確的教學。如此的教學，能夠提供學習者另一個方法達到解讀他人心智的能力，同時也可以有效地幫助自閉症孩童改善其社交和溝通技巧。

讓我們想想先天盲孩童以點字法來學習辨識書寫文字的例子，我們也可以思考尋找其他的替代方法來幫助自閉症者學習心智解讀。盲孩童在「文字再認系統」（word recognition system）並無中樞認知缺陷，因此，點字法確實能夠補償盲孩童因視覺損傷所帶來的學習困難；相較之下，自閉症孩童被視為沒有感官損傷，但是在心智解讀卻有認知能力的缺陷。如果試圖教導自閉症孩童心智解讀，其困難度可能遠超過教導盲孩童閱讀，因為要教導自閉症孩童心智解讀，也需要教導其認知**理解**能力。所幸，顯然有些自閉症孩童可以被成功地教導出對心智狀態的解讀能力。

最近的研究指出，自閉症孩童能學會理解錯誤信念[41]，或是區別表象與真實[42]。研究中採用多樣教學媒介，包括電腦和真人演出[43]。除此之外，一項研究[44]使用行為和情緒線索來幫助學生理解錯誤信念，而另一項研究[45]則利用直接教學法來教自閉症孩童區辨表象和真實。這些研究使用重複性的作業活動及回饋，而呈現一致性的顯著效果。幾乎所有的自閉症孩童都能夠通過測試的題目，且能夠維持長期的學習成效。然而，無法類化到未學習過的測驗，即便是極為類同的測驗，其類化成效仍十分有限。

因此，儘管現有的治療與介入方法提供了一些令人振奮的研究結果，然而也引發出下列一些重要的議題：

- 如果心理狀態的概念可以被教導，那有哪些方法能促進學習呢？

● 有哪些教學是必要的，以及其教學的效果將能維持多久呢？

● 對自閉症孩童而言，某些心理狀態概念（例如：情緒或假裝），比其他心理狀態概念（例如：知識和信念）更難習得嗎？

● 心理狀態是在嚴謹的程序中習得的嗎？也就是說，一種概念（例如：情緒）的習得總是在另一種概念（例如：信念）習得之前嗎？換句話說，理解情緒是理解信念的必要先備條件嗎？

● 如果心理狀態的特定概念需要經過特定的作業活動來教學，那麼有辦法產生類化讓學生理解新奇的行為嗎？

● 教導心理狀態的概念是否能透過以更明確自然的方式讓孩童習得？

● 心理狀態概念的習得能導致在社交和溝通行為中其他面向的改變嗎？如果有改變，究竟是哪些呢？

● 什麼因素可用來說明一些孩童能習得心理狀態的專有術語和一些孩童卻無法習得呢？

❖ 教導心理狀態概念的方法

　　下列將摘錄出教導心理狀態的教學計畫與主要原則[46]。後面的章節將會詳細地敘述在教學中會使用的技巧和教材。

教學原則

● 複雜的技能應被細分成有順序的小步驟來依序進行教導，以便讓學生能逐步學會新技巧。

● 普通兒童發展的順序是技能學習過程中的重要指標。因此，正常發展順序中較早期階段習得之技能往往會比後期階段的技能學得快。

● 教學要自然，這通常比教學程序更為重要。教學者應該花一些心思去思考或瞭解孩童的基本技能和興趣。

● 通常一個人的行為會因為有系統地被增強而更快習得，同時這樣的行為

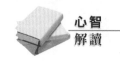

也能有效地繼續保持；對行為維持的效果而言，外在的增強（像是讚美）固然重要，但對個人在成功完成新技能時所獲得愉悅感覺的內在增強，也具有相同的影響力。

● 藉由零錯誤學習（也就是說盡可能避免錯誤的產生）將可大幅提升學習的速度。

● 類化的問題（例如：不能類化至新的環境或活動）經常會對成功的教學方案產生限制，若要減低類化的問題，應將教學重點放在概念上的教學，而非只是一味聽從教學指令。

　　以下這些特定的教學設計，即是採用過去研究中所提過的教學理論而提出來的教學原則。由於早期教導瞭解錯誤信念的方法，針對一個層次目標的學習過於複雜，基於這樣的事實，研究指出其成效是相當有限的。因此，為了減低每次學習的複雜性，以下的教學方法融入了一些研究報告，並針對以上所提之議題特別精心設計。教學目標應被細分成三個成分：

● 理解訊息的狀態
● 理解情緒
● 理解假裝

　　每個完整的概念應藉由學會連續性的五個階段的理解能力而產生，然而，一次只教其中一個概念而已。階段一是最簡單的階段，而階段五是最困難的。這些階段的範例呈現在表1.1。

　　教學階段之基礎建立於正常孩童心理狀態理解的發展情形[47]，以確保教學符合其發展順序。為了要使教學盡可能自然，可利用不同的方法增強教學環境，包括：戲劇扮演、圖片、電腦和遊戲。學習任務本身應被設計成對孩童是具增強性的，而且教材應能夠立即回饋孩童的表現。**在每個階段必須給予孩童讚美和鼓勵**。如果孩童出現錯誤反應，應立即給予正確答案的提示，以避免固著性的錯誤或誤解。

▶ 表 1.1　心理狀態教學的五個階段

	情緒（emotion）	信念（belief）	假裝（pretence）
階段一	臉部表情辨識 （高興／難過／生氣／害怕）	簡單的視覺觀點取替	感覺動作遊戲
階段二	情緒卡通圖辨識 （高興／難過／生氣／害怕）	複雜的視覺觀點取替	出現功能性遊戲 （少於或等於兩個例子）
階段三	以情境為基礎的情緒 （高興／難過／生氣／害怕）	看見導致知道 （自己／他人）	建立功能性遊戲 （多於兩個例子）
階段四	以欲望為基礎的情緒 （高興／難過）	真實信念 ／行動預測	出現假裝遊戲 （少於或等於兩個例子）
階段五	以信念為基礎的情緒 （高興／難過）	錯誤信念	建立假裝遊戲 （多於兩個例子）

❖ 克服類化的問題

　　最後，教學過程試圖要克服在早期研究中所提到的「類化失敗」現象。事實顯示，教導孩童以概念為基礎下的原則比教導簡單的指令來得有效（譯註：正如俗諺云：「給孩子魚吃，不如教他們釣魚」），因為這可幫助孩童有效地類化他們所學[48]。當然，對於一般孩童來說，這些原則並不需要透過明確的教學，但對一些循正常途徑學習無效的孩子，如自閉症孩童，則需要透過不同範例和技巧（例如：洋娃娃和木偶劇、角色扮演、圖片故事……）來密集進行「誘導式」（inductively）教學。在這個研究中提供孩童類化原則，以幫助他們學習特定心理狀態的概念[49]。這樣的作法是嘗試讓在正常發展過程中較為隱含意思的概念可以成為較有形式、明顯、原則的[50,51]。一些基本心理階段（知道、欲望和認為）的原則，呈現在表 1.2。

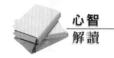

心智
解讀

▶ 表 1.2　基本心理狀態概念的一些原則

- 知覺作用導致瞭解：如果一個人看到或聽到有關 x，他將會知道 x（舉例來說：白雪公主不知道蘋果有毒，因為她沒有看到巫婆把毒藥放進去）。
- 欲望是透過行動或物體來滿足：如果一個人想要 x，他將樂於獲得 x。相反地，如果一個人沒得到 x，他將會不快樂（例如：孩童想要去公園，而且當他們的母親帶他們去時會很快樂。但如果他們改為被帶到超級市場，他們會不快樂）。
- 假裝是包含物體替換或結果終止：當一個人假裝 x 的時候，他不用平常的物體（objects）／結論（consequences），純粹只是為了好玩（例如：Alan 握住一根香蕉對著他的耳朵，假裝在打電話）。

❖ 實驗研究結果

　　經由短期訓練之後，我們驚訝地發現在某些特定領域有明顯的變化產生，即使在介入結束之後，這些效果仍然能有效地維持著。所以我們推測，長期的訓練並結合家庭和教師一起參與，能夠產生更大的成效。基於這樣的理由，同時為了回應家長和教師的要求，我們答應完成本書，來分享與教導我們這一套方法。

❖ 本書是為誰設計的？

　　本書的實驗研究對象包含年齡介於四到十三歲的自閉症孩童，且語言程度（language age）至少達五歲的水準。五歲語言程度在一般孩童而言，已能明確具備心智解讀的能力。這些教材是配合此年齡族群的孩童心智能力所設計的，此教材也適合提供給年紀較大的自閉症者使用，只要他們的能力有達到最低的水準。因此，雖然本書內容經常以「孩童」為主要對象，但藉由適當地調整教學活動與教材，此教學方式亦可符合年紀較大的自閉症者使用。

❖ 本書教學方法的限制

　　一套成功的自閉症孩童教育與介入方案，需要很多不同的策略和方法。此外，教學程序經常需要依據孩童的興趣、技巧能力和困難之處做調整。沒有簡單的「秘訣」可以用來克服自閉症的基本障礙，因而本書並非號稱以精簡的方式來教導孩童有關信念、情緒或想像力。

　　理解他人的情緒並適當地回應，涉及的不只是從照片或卡通圖片上辨識一些清晰與簡單之情緒的能力而已。無論情境被認為是快樂、難過或令人害怕，根據的不只是現況的背景分析而已，同時會與個人過去的經驗有關。更進一步來說，單獨的臉部表情不是永遠可代表一個人當時的真實感覺，例如，一個微笑可能是用來掩飾傷心或痛苦的情緒。而且，能夠認出他人曖昧不明的情緒，不一定能幫助自閉症孩童充分理解以及處理自己的情緒反應，尤其當這些情緒是與多數人的反應不同時，對自閉症孩童而言更是難上加難。聖誕節、生日派對、放假時，都可能對自閉症孩童產生極大的焦慮，反觀於其他孩童在同一時間卻是感覺快樂的情緒，其中有明顯的衝突。

　　同樣地，遊戲帶給孩童的不僅是能適當地使用玩具而已，同時也能增加孩童間的互動，在這過程中將需要許多不同層次的社交技能和認知能力。

　　這種複雜的能力不能僅僅使用坊間現成的套裝教材來滿足，而是需要更加精緻和個別化的教學策略，才能使孩童的能力更上層樓。無論如何，在技能習得的早期階段中，簡明的教材和教學方法扮演著不可或缺的角色。本書的設計就是為了教導自閉症孩童或年紀較大的自閉症者理解信念、情緒和假裝的能力。

❖ 本書結構

　　接下來的四篇主要分成三個部分：**情緒、訊息狀態和遊戲**。每一篇詳細說明：

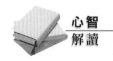
- 如何評量每一位孩童的技能水準表現。
- 如何建立基線（也就是確定教學應該從哪個水準階段開始）。
- 每個階段要使用的教材。
- 應遵循的教學程序。

　　關於教學步驟的建議包括應需制定一般性原則和具體教學範例。這些理解情緒和訊息狀態的教材與指引要比假裝遊戲的教學更加具體。為了孩童能真正有進步，在後面章節中所舉例的教材應盡可能配合孩童的個別興趣。然而，在所有的章節中，關於教材和教學策略的建議僅僅只是提供給老師做為教學範本參考，仍需使用者自行調整運用。相反地，教師應視孩童個別興趣及情況，善用自己的教學經驗及創意，以基本的教學策略為基礎，自由發揮去選擇合適的教材。

　　為了測量教學進度，三個部分都有它的教學**紀錄表**。這些紀錄表可以提供完整的教學方案架構，每一階段的教學方案結束前，必須完成各階段的紀錄表格（詳見附錄）。表格中必須記錄孩童的正確或不正確的反應，特別是正確或是難以辨別的反應。

　　在每一個方案的階段中，最重要的是要加強孩童合作的動機。這個可以運用各種不同的方法，例如，確保使用盡可能有趣的教材教具；確定教師熱衷於瞭解自己在做什麼；如果孩子在訓練的過程中犯了錯，必須立即給予正確答案或是答案提示。在初始評估階段的孩童除了應給予一致的回饋和幫助，而且絕不允許沒有指導或支持「毫無章法的行為」。在學期結束時提供額外的獎勵（讓孩子做一些他們喜歡去做、但可能與教學過程有關或無關的事）。當然，很重要的是要記住，根據定義，增強物是能加強行為再次發生機率的事件，而且對於自閉症孩童的增強可能會與給其他孩童的獎勵非常不同。例如，保持沉默（而不是讚美）、獨處一段時間或允許其在令人著迷或例行活動上花點時間，都可能比「傳統的」獎勵更來得有效。

　　在進行每一教學的時段就必須事前安排好後續的教學活動等相關事宜。

參考文獻及註解

1. Lord, C. and Rutter, M. (1994). Autism and pervasive developmental disorders. In M. Rutter, E. Taylor, and L. Hersov (Eds) *Child and Adolescent Psychiatry* (3rd Ed.). Oxford: Blackwell.
2. Frith, U. (1989). *Autism: Explaining the Enigma.* Oxford: Basil Blackwell.
3. Howlin, P. and Rutter, M. (1987). *Treatment of Autistic Children.* Chichester: Wiley.
4. Howlin, P. (1989). Changing approaches to communication training with autistic children. *British Journal of Disorders of Communication*, **24**, 151–168.
5. Howlin, P. and Rutter, M. (1987). Ibid. and Schopler, E., Mesibov, G. (1986). *Social Behavior in Autism.* New York: Plenum.
6. Schuler, A. (1989). The socialization of autistic children. Paper presented at International Conference on Educational Issues in Autism. August; Mons, Belgium.
7. Taras, M., Matson, J. and Leary, C. (1988). Training social interpersonal skills in two autistic children. *Journal of Behaviour Therapy and Experimental Psychiatry.* **19**, 275–280.
8. Howlin, P. and Rutter, M. (1987). Ibid.
9. Howlin, P. (1987). An overview of social behaviour in autism. In E. Schopler and G. Mesibov (Eds) *Social Behavior in Autism.* New York: Plenum.
10. This section is adapted from Baron-Cohen, S. (1994). The development of a theory of mind: Where would we be without the Internal Stance? In M. Rutter and D. Hay (Eds) *Developmental Principles and Clinical Issues in Psychology and Child Psychiatry.* Oxford: Blackwell.
11. Wellman, H.M. (1990). *The Child's Theory of Mind.* Cambridge: MIT Press.
12. Bretherton, I. and Beeghly, M. (1982). Talking about internal states: The acquisition of an explicit theory of mind. *Developmental Psychology*, **18**, 906–921.
13. Dennett, D. (1978). Beliefs about beliefs. *Behavioral and Brain Sciences*, **4**, 759–770.
14. Wimmer, H. and Perner, J. (1983). Beliefs about beliefs: Representation and constraining function of wrong beliefs in young children's understanding of deception. *Cognition*, **13**, 103–128.
15. Baron-Cohen, S., Leslie, A.M. and Frith, U. (1985). Does the autistic child have a "theory of mind?" *Cognition*, **21**, 27–43.
16. Flavell, J.H., Shipstead, S. and Croft, K. (1978). Young children's knowledge about visual perception: hiding objects from others. *Child Development*, **49**, 1208–1211.
17. Pratt, C. and Bryant, P. (1990). Young children understand that looking leads to knowing (so long as they are looking into a single barrel). *Child Development*, **61**, 973–982.
18. Wellman, H.M. (1990) Ibid.

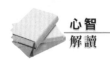

19. Bates, E., Benigni, L., Bretherton, I., Camaioni, L. and Volterra, V. (1979). Cognition and communication from 9–13 months: correlational findings. In E.D. Bates (Ed). *The Emergence of Symbols: Cognition and Communication in Infancy*. New York: Academic Press.

20. Wellman, H.M. (1990) Ibid.

21. Dennett, D. (1978). *Brainstorms: Philosophical Essays on Mind and Psychology*. Brighton: Harvester Press.

22. Grice, H. P. (1975). Logic and Conversation: In R. Cole and J. Morgan (Eds) *Syntax and Semantics: Speech Acts*. New York: Academic Press.

23. Sodian, B., Taylor, C., Harris, P.L. and Perner, J. (1991). Early deception and the child's theory of mind: false trails and genuine markers. *Child Development*, **62**, 468–483.

24. Harris, P.L. (1989). *Children and Emotion*. Oxford: Basil Blackwell.

25. Flavell, J.H., Flavell, E.R. and Green, F.L. (1987) Young children's knowledge about the apparent–real and pretend–real distinctions. *Development Psychology*, **23**, 816–822.

26. Perner, J. (1991). *Understanding the Representational Mind*. Cambridge, Mass: MIT Press.

27. Baron-Cohen, S., Tager-Flusberg, H. and Cohen, D.J. (Eds) (1993). *Understanding Other Minds*. Oxford: Oxford University Press. See also Baron-Cohen, S. (1995) *Mindblindness*. Cambridge, Mass.: MIT Press.

28. Baron-Cohen, S., Leslie, A. M. and Frith, U. (1985). Ibid.

29. Baron-Cohen, S. (1989). The autistic child's theory of mind: a case of specific language delay. *Journal of Child Psychology and Psychiatry*, **30**, 285–298.

30. Sodian, B. and Frith, U. (1992). Deception and sabotage in autistic, retarded and normal children. *Journal of Child Psychology and Psychiatry*, **33**, 591–605.

31. Gratch, G. (1964). Response alteration in children: a developmental study of orientations to uncertainty. *Vita Humana*, **7**, 49–60.

32. Baron-Cohen, S. (1992). Out of sight or out of mind? Another look at deception in autism. *Journal of Child Psychology and Psychiatry*, **33**, 1141–1155.

33. Baron-Cohen, S. (1991). Do people with autism understand what causes emotion? *Child Development*, **62**, 385–395.

34. Tan, J. and Harris, P. (1991). Autistic children understand seeing and wanting. *Development and Psychopathology*, **3**, 163–174.

35. Hobson, P.R. (1986a). The autistic child's appraisal of expressions of emotion. *Journal of Child Psychology and Psychiatry*, **27**, 321–342.
    —(1986b). The autistic child's appraisal of expressions of emotion: A further study. *Journal of Child Psychology and Psychiatry*, **27**, 671–680.

36. Baron-Cohen, S. (1991). Ibid.

37. Fein, G.G. (1981). Pretend play in childhood: an integrative review. *Child Development*, **52**, 1095–1118.

38. Baron-Cohen, S. (1987). Autism and symbolic play. *British Journal of Developmental Psychology*, **5**, 139–148.

39. Ungerer, J.A. and Sigman, M. (1981). Symbolic play and language compre-

hension in autistic children. *Journal of the American Academy of Child and Adolescent Psychiatry*, **20**, 318–337.

40. This section is adapted from Baron-Cohen, S. and Howlin, P. (1993). The theory of mind deficit in autism: Some questions for teaching and diagnosis. In S. Baron-Cohen et al. (Eds) Ibid.

41. Bowler, D.M., Stromm, E. and Urquhart, L. (1993). Elicitation of first-order "theory of mind" in children with autism. Unpublished manuscript, Department of Psychology, City University, London.

42. Starr, E. (1993). Teaching the appearance–reality distinction to children with autism. Paper presented at the British Psychological Society Developmental Psychology Section Annual Conference, Birmingham.

43. Swettenham, J.S. (1991). The autistic child's theory of mind: a computer-based investigation. Unpublished D.Phil thesis, University of York.

44. Bower, D.M., Stromm, E., and Urquhart, L. (1993). Ibid.

45. Starr, E. (1993). Ibid.

46. Hadwin, J., Baron-Cohen, S., Howlin, P. and Hill, K. (1996). Can children with autism be taught concepts of emotion, belief and pretence? *Development and Psychopathology*.

47. Wellman, H.M. (1990). Ibid.

48. Perry, M. (1991). Learning and transfer: Instructional conditions and conceptual change. *Cognitive Development*, **6**, 449–468.

49. Baron-Cohen, S. and Howlin, P. (1993). The theory of mind deficit in autism: Some questions for teaching and diagnosis. In S. Baron-Cohen et al. (Eds) Ibid.

50. Perner, J. (1991). Ibid.

51. Wellman, H.M. (1990). Ibid.

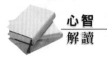

PART **教導情緒**

本篇我們要討論如何教導情緒理解的五個階段。

❖ 情緒理解的五個階段

階段一 運用照片識別臉部表情

這是一種運用照片識別臉部表情的能力，臉部表情包含高興、難過、生氣和害怕。

階段二 運用圖片識別情緒

當孩童能從四張臉部卡通圖片中，正確識別出高興、難過、生氣和害怕等不同情緒即可得分。在此階段所進行的方式與前一個階段相同。

階段三 辨識以情境為基礎的情緒

日常生活中，有一些情緒是因為當時的情境所觸發產生的（例如：害怕即將發生的一場意外）。在這個階段中，孩童必須能夠預測圖片中主角人物的情緒感受。

階段四 辨識以欲望為基礎的情緒

這些情緒的產生在於個人的欲望是否被滿足。在這個階段，孩童必須能依據主角人物的欲望滿足與否來定義主角人物的感受（無論高興或難過）。

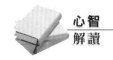
階段五　辨識以信念為基礎的情緒

　　一個人情緒的產生起源於他個人的想法，即使他的想法和現實是有所衝突的。本階段要求孩童每次看三張一系列的圖片，依照圖片中主角人物是否認為他的欲望被滿足來預測主角人物本身即將出現的感受。

　　以下將介紹每個階段要進行的評量及教學程序。

階段一　運用照片識別臉部表情

　　在階段一的項目中，其得分標準在於孩童能從照片中正確地識別出下列不同的四種臉部表情：高興、難過、生氣及害怕（圖 2.1）。

教材及評量步驟

　　在這階段主要是讓孩童配對包含高興、難過、生氣及害怕等四張臉部表情的黑白照片。若要讓配對工作變得更有趣，可彈性調整教材的呈現方式，例如拍攝孩童臉部表情，製作成「貼紙」或是魔鬼氈等不同形式來進行。

圖 2.1　情緒的臉部表情照片（reproduced from Ekman & Friesen, 1975, *Unmasking the Face*, copyright © Paul Ekman 1975）

教師：要求孩童從四張臉部表情照片中選出所指定的表情照片。

情緒問題：你能指出高興（難過／生氣／害怕）的臉嗎？

提示：告訴我高興（難過／生氣／害怕）的人在哪裡？

建立基線

　　向孩童呈現四張照片。

- 指導語：現在我們要來看一些表情的照片，這些表情可以告訴我們照片中這個人的感覺。

- 提問：你能夠指出這些照片中，哪個人是【高興】的表情嗎？

　　如果孩童無法識別四張表情照片中的任何一種情緒，就從這個階段開始教。

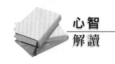

教學程序

　　教師應依序或隨機呈現四張臉部表情的照片（高興／難過／生氣／害怕），並讓孩童界定這四種不同的臉部表情照片。

　　首先，教師在桌上呈現照片，並逐一命名照片所呈現的情緒。然後，教師要求孩童逐一配對相同的表情照片。

現在讓我們把高興、難過、生氣和害怕的四種表情照片放在這裡。

我還有一些臉部表情照片，你能不能把看起來一樣的照片放在一起呢？

這張是高興的表情照片。那麼我們應該把高興的照片放在哪裡呢？

對了，那張也是高興的表情照片！（依此類推……）

　　教師在一開始即給予孩童示範提示，這樣孩童會比較容易進行該項作業。當孩童在任何一次嘗試時出現錯誤，教師應立即給予正確的答案。

階段二　運用圖片識別情緒

　　在階段二的項目中，其得分標準在於孩童能從四張卡通圖片中，正確地識別出下列不同的四種臉部表情：高興、難過、生氣及害怕，進行方式與前一個階段相同。

教材及評量步驟

　　在這階段主要是讓孩童配對四張以黑白線條繪製的卡通圖片，包含高興、難過、生氣及害怕等臉部表情。若要讓配對工作變得更有趣，可彈性調整教材的呈現方式，例如將臉部卡通圖片製作成「貼紙」或是魔鬼氈等不同形式來進行。

圖 2.2　情緒的臉部表情圖片（改編自 Hobson, 1989）

建立基線

　　向孩童呈現四張卡通圖片。

- 指導語：現在我們要來看一些表情的卡通圖片，這些表情可以告訴我們圖片中這個人的感覺。

- 提問：你能夠指出這些圖片中，哪個人是【高興】的表情嗎？

　　如果孩童無法識別四張表情圖片中的任何一種情緒，就從這個階段開始教。

教學程序

教師應依序或隨機呈現四張以黑白線條繪製的臉部表情卡通圖片（高興／難過／生氣／害怕），並讓孩童界定這四種不同的臉部表情圖片。

首先，教師在桌上呈現圖片，並逐一命名圖片所呈現的情緒。然後，教師要求孩童逐一配對相同的表情圖片。

現在讓我們把高興、難過、生氣和害怕的四種表情圖片放在這裡。
我還有一些臉部表情圖片，你能不能把看起來一樣的圖片放在一起呢？
這張是高興的表情圖片。那麼我們應該把高興的圖片放在哪裡呢？
對了，那張也是高興的表情圖片！（依此類推……）

教師在一開始即給予孩童示範提示，這樣孩童會比較容易進行該項作業。當孩童在任何一次嘗試時出現錯誤，教師應立即給予正確的答案。

階段三　辨識以情境為基礎的情緒

此階段的內容是辨識以特定情境所觸發的情緒為主，例如：害怕即將發生的災難。在這個階段中，孩童必須能夠預測圖片中主角人物的情緒感受。

教材及評量步驟

在本階段準備與上一階段相同的四張臉部卡通圖片，以及一系列顯示各種情緒情境的圖片。孩童需解讀圖片中的社會與情緒脈絡，並預測主角人物在情境中的情緒表現。主要的情緒有**害怕**、**高興**、**難過**或生氣。有些情境會出現其他可能的答案（例如：有些「難過」的故事情境圖片也有可能會引發「生氣」的情緒反應），此時，教師需自行判斷是否給分。

建立基線

評量以情境為基礎的情緒,從以下所列的每個情緒段落(一共四種情緒情境)中各挑選一個。下表的例子說明執行情形。

情境:一隻大狗沿路追著 Dan(圖片 1)。

(向孩童呈現圖片)
指導語:看!有一隻大狗一直追著 Dan。

情緒問題:當大狗追著 Dan 時,他感覺怎麼樣?他會覺得高興、難過、生氣還是害怕?(依序指著每一張臉部表情圖片)

讓我們想一想 Dan 覺得怎麼樣。(孩童可以指著表情圖片)
看!Dan 覺得害怕。

因果問題:他為什麼會覺得害怕?

如果在你所選定的四個引發情緒情境的圖片中,孩童無法正確回答出任一個情緒或因果問題時,就從這個階段開始教。

教學程序

在本書中,此階段提供了一系列引發四種情緒(高興、難過、生氣、害怕)的情境圖片(詳見後面的內容),教師可選擇其中一種情緒來教導。每一種情緒皆有十二張不同的情境圖片。

教師向孩童呈現圖片,並描述圖片中發生的事件。

當教師詢問圖片中主角人物的感受如何時,可以提供四種可能的答案(例如:他會覺得高興、難過、生氣還是害怕?)。此時,可以鼓勵孩童指出正確的情緒圖片。

　　如果孩童反應正確，教師應先給予增強，再藉由詢問孩童「為什麼主角
人物會覺得高興／難過呢？」等問題來加強孩童的理解。如果孩童的反應不
正確，則立即提供正確的答案，這樣的作法主要是讓孩童理解主角人物思考
的方式。

以情境為基礎的情緒故事範例（圖片 22）：Thomas 在遊樂園看小丑表演。

（向孩童呈現圖片）

看！Thomas 在遊樂園看小丑表演。

情緒問題：當 Thomas 看小丑表演時，他感覺怎麼樣？

提示：他會覺得高興、難過、生氣還是害怕？（可變換情緒命名的順序）
（依序指著每一張臉部表情圖片）

讓我們想一想 Thomas 覺得怎麼樣。（孩童可以指出表情圖片）
看！Thomas 覺得高興。

因果問題：他為什麼會覺得高興？

教學

情緒問題：當孩童回答不正確時。

讓我們看一看，並想一想 Thomas 覺得怎麼樣。

看！Thomas 覺得高興。（指著 Thomas 的臉）
他覺得高興，因為他看到小丑表演。（指著小丑）
Thomas 覺得高興，因為他在遊樂園看到小丑表演。（指著 Thomas）

教學原則

　　無論孩童回答正確與否，必須持續提供孩童下列理解情緒的基本原則。

- 當有人給你不錯的東西，或者你做一件興奮的事情時，你會覺得很高興。
- 當發生一件恐怖的事情時，你會覺得害怕，並且想要逃跑或想躲起來。
- 當發生令人難過的災難，或有人離開時，你會覺得難過。
- 當有人故意捉弄你，或發生類似的情況時，你會覺得很生氣。

圖 2.3 （圖片 1～48）
　　用於辨識「以情境為基礎的情緒」之圖片與教學程序

害怕的情境

教師：向孩童描述圖片內容，並詢問孩童故事主角人物的感受，讓孩童說出
或指出下列的臉部表情圖片來回答。

圖片 1：一隻大狗沿路追著 Dan。

情緒問題：當大狗追著 Dan 時，他感覺怎麼樣？

提示：他會覺得高興／難過／生氣／害怕？

判斷問題：他為什麼會覺得高興／難過／生氣／害怕？

教師：向孩童描述圖片內容，並詢問孩童故事主角人物的感受，讓孩童說出
或指出下列的臉部表情圖片來回答。

圖片 2：一隻蛇滑動到 Harry 的腳邊。

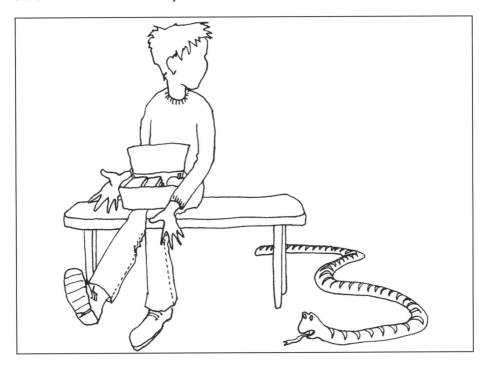

情緒問題：當 Harry 發現一隻蛇滑動到他的腳邊時，他感覺怎麼樣？
提示：他會覺得高興／難過／生氣／害怕？
判斷問題：他為什麼會覺得高興／難過／生氣／害怕？

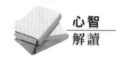

心智
解讀

教師：向孩童描述圖片內容，並詢問孩童故事主角人物的感受，讓孩童說出或指出下列的臉部表情圖片來回答。

圖片 3：Laura 在廚房看到一隻老鼠，趕快跑出來。

情緒問題：當 Laura 看到老鼠就趕快跑走時，她感覺怎麼樣？

提示：她會覺得高興／難過／生氣／害怕？

判斷問題：她為什麼會覺得高興／難過／生氣／害怕？

教師：向孩童描述圖片內容，並詢問孩童故事主角人物的感受，讓孩童說出
或指出下列的臉部表情圖片來回答。

圖片 4：一隻蜘蛛爬向 Susan 的椅子。

情緒問題：當蜘蛛爬向 Susan 的椅子時，她感覺怎麼樣？

提示：她會覺得高興／難過／生氣／害怕？

判斷問題：她為什麼會覺得高興／難過／生氣／害怕？

教師：向孩童描述圖片內容，並詢問孩童故事主角人物的感受，讓孩童說出
　　　或指出下列的臉部表情圖片來回答。

圖片 5：牆壁上的影子看起來像大怪獸。

情緒問題：當牆壁上的影子看起來像大怪獸時，Tony 感覺怎麼樣？

提示：他會覺得高興／難過／生氣／害怕？

判斷問題：他為什麼會覺得高興／難過／生氣／害怕？

教師：向孩童描述圖片內容，並詢問孩童故事主角人物的感受，讓孩童說出
　　　　或指出下列的臉部表情圖片來回答。

圖片 6：天色逐漸變暗了，而 Becky 卻在森林迷路了。

情緒問題：當 Becky 在森林迷路時，她感覺怎麼樣？

提示：她會覺得高興／難過／生氣／害怕？

判斷問題：她為什麼會覺得高興／難過／生氣／害怕？

教師：向孩童描述圖片內容，並詢問孩童故事主角人物的感受，讓孩童說出或指出下列的臉部表情圖片來回答。

圖片 7：Carl 在超級市場裡找不到媽媽。

情緒問題：當 Carl 在超級市場裡找不到媽媽時，他感覺怎麼樣？

提示：他會覺得高興／難過／生氣／害怕？

判斷問題：他為什麼會覺得高興／難過／生氣／害怕？

教師：向孩童描述圖片內容，並詢問孩童故事主角人物的感受，讓孩童說出
或指出下列的臉部表情圖片來回答。

圖片 8：Sharon 回到家，發現房子好黑而且空蕩蕩的。

情緒問題：當 Sharon 回到家，發現房子好黑而且空蕩蕩的，她感覺怎麼樣？
提示：她會覺得高興／難過／生氣／害怕？
判斷問題：她為什麼會覺得高興／難過／生氣／害怕？

教師：向孩童描述圖片內容，並詢問孩童故事主角人物的感受，讓孩童說出
或指出下列的臉部表情圖片來回答。

圖片9：Fiona 卡在樹上，她可能會跌下來。

情緒問題：當 Fiona 卡在樹上且可能會跌下來，她感覺怎麼樣？
提示：她會覺得高興／難過／生氣／害怕？
判斷問題：她為什麼會覺得高興／難過／生氣／害怕？

教師：向孩童描述圖片內容，並詢問孩童故事主角人物的感受，讓孩童說出
　　　或指出下列的臉部表情圖片來回答。

圖片 10：有一輛卡車很快地就要撞到 Bobby 了。

情緒問題：當卡車快要撞到 Bobby 時，他感覺怎麼樣？
提示：他會覺得高興／難過／生氣／害怕？
判斷問題：他為什麼會覺得高興／難過／生氣／害怕？

教師：向孩童描述圖片內容，並詢問孩童故事主角人物的感受，讓孩童說出
或指出下列的臉部表情圖片來回答。

圖片 11：Lesley 正在等消防隊員來救她。

情緒問題：房子燒起來了，當 Lesley 正在等消防隊員時，她感覺怎麼樣？
提示：她會覺得高興／難過／生氣／害怕？
判斷問題：她為什麼會覺得高興／難過／生氣／害怕？

教師：向孩童描述圖片內容，並詢問孩童故事主角人物的感受，讓孩童說出
　　　或指出下列的臉部表情圖片來回答。

圖12：有一輛火車快開過來了且柵欄已放下，此時 Jamie 坐在車內，而車子卻
　　　卡在平交道上。

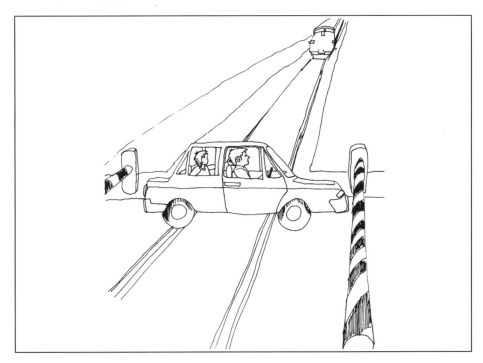

情緒問題：當火車已經快撞到他們的車子時，Jamie 感覺怎麼樣？
提示：他會覺得高興／難過／生氣／害怕？
判斷問題：他為什麼會覺得高興／難過／生氣／害怕？

高興的情境

教師：向孩童描述圖片內容，並詢問孩童故事主角人物的感受，讓孩童說出
或指出下列的臉部表情圖片來回答。

圖片 13：Jennifer 的爸爸給她蛋糕當點心。

情緒問題：當爸爸給 Jennifer 蛋糕當點心時，她感覺怎麼樣？

提示：她會覺得高興／難過／生氣／害怕？

判斷問題：她為什麼會覺得高興／難過／生氣／害怕？

教師：向孩童描述圖片內容，並詢問孩童故事主角人物的感受，讓孩童說出
或指出下列的臉部表情圖片來回答。

圖片 14：Sam 的媽媽買了一盒水彩給他。

情緒問題：當媽媽買了一盒水彩給 Sam 時，他感覺怎麼樣？
提示：他會覺得高興／難過／生氣／害怕？
判斷問題：他為什麼會覺得高興／難過／生氣／害怕？

教師：向孩童描述圖片內容，並詢問孩童故事主角人物的感受，讓孩童說出
　　　或指出下列的臉部表情圖片來回答。

圖片 15：Betty 的奶奶送她一隻小熊玩偶當作生日禮物。

情緒問題：當 Betty 的奶奶送她一隻小熊玩偶時，她感覺怎麼樣？
提示：她會覺得高興／難過／生氣／害怕？
判斷問題：她為什麼會覺得高興／難過／生氣／害怕？

教師：向孩童描述圖片內容，並詢問孩童故事主角人物的感受，讓孩童說出或指出下列的臉部表情圖片來回答。

圖片 16：Alan 的爸爸買巧克力冰淇淋給他。

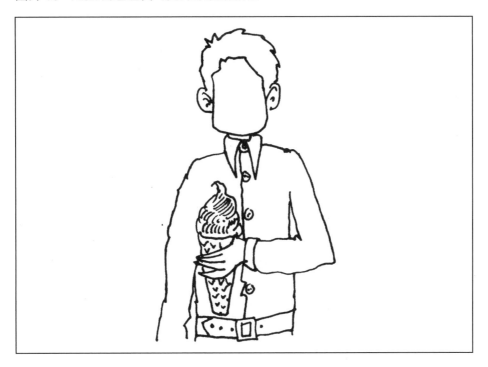

情緒問題：當爸爸買巧克力冰淇淋給 Alan 時，他感覺怎麼樣？

提示：他會覺得高興／難過／生氣／害怕？

判斷問題：他為什麼會覺得高興／難過／生氣／害怕？

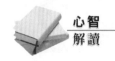

教師：向孩童描述圖片內容，並詢問孩童故事主角人物的感受，讓孩童說出
或指出下列的臉部表情圖片來回答。

圖片 17：Matthew 的哥哥給他一架玩具飛機。

情緒問題：當 Matthew 的哥哥給他一架玩具飛機時，他感覺怎麼樣？
提示：他會覺得高興／難過／生氣／害怕？
判斷問題：他為什麼會覺得高興／難過／生氣／害怕？

教師：向孩童描述圖片內容，並詢問孩童故事主角人物的感受，讓孩童說出
　　　　或指出下列的臉部表情圖片來回答。

圖片 18：Tina 的姊姊買一幅美麗花朵的圖畫給她。

情緒問題：當 Tina 的姊姊買一幅美麗花朵的圖畫給她時，她感覺怎麼樣？
提示：她會覺得高興／難過／生氣／害怕？
判斷問題：她為什麼會覺得高興／難過／生氣／害怕？

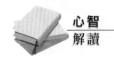

教師：向孩童描述圖片內容，並詢問孩童故事主角人物的感受，讓孩童說出
或指出下列的臉部表情圖片來回答。

圖片 19：Jane 正在玩盪鞦韆。

情緒問題：當 Jane 在玩盪鞦韆時，她感覺怎麼樣？

提示：她會覺得高興／難過／生氣／害怕？

判斷問題：她為什麼會覺得高興／難過／生氣／害怕？

教師：向孩童描述圖片內容，並詢問孩童故事主角人物的感受，讓孩童說出
或指出下列的臉部表情圖片來回答。

圖片 20：Josie 和 Nigel 一起參加慶生會。

情緒問題：當 Josie 和 Nigel 一起參加慶生會時，Josie 感覺怎麼樣？

提示：她會覺得高興／難過／生氣／害怕？

判斷問題：她為什麼會覺得高興／難過／生氣／害怕？

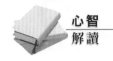

教師：向孩童描述圖片內容，並詢問孩童故事主角人物的感受，讓孩童說出或指出下列的臉部表情圖片來回答。

圖片 21：Daniel 的媽媽要他騎腳踏車去商店。

情緒問題：當 Daniel 的媽媽要他騎腳踏車去商店時，他感覺怎麼樣？
提示：他會覺得高興／難過／生氣／害怕？
判斷問題：他為什麼會覺得高興／難過／生氣／害怕？

教師：向孩童描述圖片內容，並詢問孩童故事主角人物的感受，讓孩童說出
　　　或指出下列的臉部表情圖片來回答。

圖片 22：Thomas 在遊樂園看小丑表演。

情緒問題：當 Thomas 看小丑表演時，他感覺怎麼樣？
提示：他會覺得高興／難過／生氣／害怕？
判斷問題：他為什麼會覺得高興／難過／生氣／害怕？

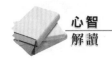

教師：向孩童描述圖片內容，並詢問孩童故事主角人物的感受，讓孩童說出
或指出下列的臉部表情圖片來回答。

圖片 23：Katie 在海邊撈到一條大魚。

情緒問題：當 Katie 在海邊撈到一條大魚時，她感覺怎麼樣？

提示：她會覺得高興／難過／生氣／害怕？

判斷問題：她為什麼會覺得高興／難過／生氣／害怕？

教師：向孩童描述圖片內容，並詢問孩童故事主角人物的感受，讓孩童說出
　　　或指出下列的臉部表情圖片來回答。

圖片 24：Billy 在玩旋轉木馬。

情緒問題：當 Billy 在玩旋轉木馬時，他感覺怎麼樣？

提示：他會覺得高興／難過／生氣／害怕？

判斷問題：他為什麼會覺得高興／難過／生氣／害怕？

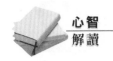

難過的情境

教師：向孩童描述圖片內容，並詢問孩童故事主角人物的感受，讓孩童說出
　　　或指出下列的臉部表情圖片來回答。

圖片 25：Joanne 不能玩盪鞦韆，因為鞦韆壞掉了。

情緒問題：當鞦韆壞掉時，Joanne 感覺怎麼樣？

提示：她會覺得高興／難過／生氣／害怕？

判斷問題：她為什麼會覺得高興／難過／生氣／害怕？

教師：向孩童描述圖片內容，並詢問孩童故事主角人物的感受，讓孩童說出
或指出下列的臉部表情圖片來回答。

圖片 26：當 Marie 要騎腳踏車時，發現椅墊和手把都掉下來了。

情緒問題：當Marie要騎腳踏車時，發現椅墊和手把都掉下來，她感覺怎麼樣？
提示：她會覺得高興／難過／生氣／害怕？
判斷問題：她為什麼會覺得高興／難過／生氣／害怕？

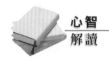

教師：向孩童描述圖片內容，並詢問孩童故事主角人物的感受，讓孩童說出
　　　或指出下列的臉部表情圖片來回答。

圖片 27：Burt 跌倒了，他的玩具飛機也摔壞了。

情緒問題：當 Burt 的玩具飛機摔壞時，他感覺怎麼樣？

提示：他會覺得高興／難過／生氣／害怕？

判斷問題：他為什麼會覺得高興／難過／生氣／害怕？

教師：向孩童描述圖片內容，並詢問孩童故事主角人物的感受，讓孩童說出
　　　或指出下列的臉部表情圖片來回答。

圖片 28：Andrew 的果汁杯掉到地上摔破了。

情緒問題：當 Andrew 把果汁杯摔破時，他感覺怎麼樣？
提示：他會覺得高興／難過／生氣／害怕？
判斷問題：他為什麼會覺得高興／難過／生氣／害怕？

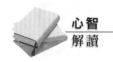

教師：向孩童描述圖片內容，並詢問孩童故事主角人物的感受，讓孩童說出或指出下列的臉部表情圖片來回答。

圖片 29：Kim 的爸爸必須出門旅行。

情緒問題：當 Kim 的爸爸出門旅行時，她感覺怎麼樣？

提示：她會覺得高興／難過／生氣／害怕？

判斷問題：她為什麼會覺得高興／難過／生氣／害怕？

教師：向孩童描述圖片內容，並詢問孩童故事主角人物的感受，讓孩童說出
或指出下列的臉部表情圖片來回答。

圖片 30：Lawrence 生病了，不能和媽媽一起去買東西。

情緒問題：當 Lawrence 生病時必須在家裡休息，不能和媽媽一起去買東西
時，他感覺怎麼樣？

提示：他會覺得高興／難過／生氣／害怕？

判斷問題：他為什麼會覺得高興／難過／生氣／害怕？

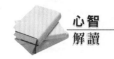

教師：向孩童描述圖片內容，並詢問孩童故事主角人物的感受，讓孩童說出
或指出下列的臉部表情圖片來回答。

圖片 31：Adam 的爺爺要回去了。

情緒問題：當 Adam 的爺爺要回去時，他感覺怎麼樣？

提示：他會覺得高興／難過／生氣／害怕？

判斷問題：他為什麼會覺得高興／難過／生氣／害怕？

教師：向孩童描述圖片內容，並詢問孩童故事主角人物的感受，讓孩童說出
或指出下列的臉部表情圖片來回答。

圖片 32：Amy 第一天到學校上課，媽媽要離開了。

情緒問題：當媽媽離開時，Amy 感覺怎麼樣？

提示：她會覺得高興／難過／生氣／害怕？

判斷問題：她為什麼會覺得高興／難過／生氣／害怕？

教師：向孩童描述圖片內容，並詢問孩童故事主角人物的感受，讓孩童說出
　　　或指出下列的臉部表情圖片來回答。

圖片 33：Sarah 的風箏被風吹走了。

情緒問題：當 Sarah 的風箏被吹走時，她感覺怎麼樣？

提示：她會覺得高興／難過／生氣／害怕？

判斷問題：她為什麼會覺得高興／難過／生氣／害怕？

教師：向孩童描述圖片內容，並詢問孩童故事主角人物的感受，讓孩童說出
或指出下列的臉部表情圖片來回答。

圖片 34：Helen 做的沙雕城堡被海浪沖走了。

情緒問題：當 Helen 做的沙雕城堡被沖走時，她感覺怎麼樣？

提示：她會覺得高興／難過／生氣／害怕？

判斷問題：她為什麼會覺得高興／難過／生氣／害怕？

教師：向孩童描述圖片內容，並詢問孩童故事主角人物的感受，讓孩童說出
　　　或指出下列的臉部表情圖片來回答。

圖片 35：Frank 的畫被大雨淋濕了。

情緒問題：當 Frank 的畫被淋濕時，他感覺怎麼樣？

提示：他會覺得高興／難過／生氣／害怕？

判斷問題：他為什麼會覺得高興／難過／生氣／害怕？

教師：向孩童描述圖片內容，並詢問孩童故事主角人物的感受，讓孩童說出
　　　或指出下列的臉部表情圖片來回答。

圖片 36：Howard 在遛狗時，小狗跑掉了。

情緒問題：當小狗跑掉時，Howard 感覺怎麼樣？

提示：他會覺得高興／難過／生氣／害怕？

判斷問題：他為什麼會覺得高興／難過／生氣／害怕？

生氣的情境

教師：向孩童描述圖片內容，並詢問孩童故事主角人物的感受，讓孩童說出
或指出下列的臉部表情圖片來回答。

圖片 37：Neil 在 Claire 的圖畫上亂畫。

情緒問題：當 Neil 在 Claire 的圖畫上亂畫時，Claire 感覺怎麼樣？

提示：她會覺得高興／難過／生氣／害怕？

判斷問題：她為什麼會覺得高興／難過／生氣／害怕？

教師：向孩童描述圖片內容，並詢問孩童故事主角人物的感受，讓孩童說出
　　　　或指出下列的臉部表情圖片來回答。

圖片 38：Melanie 把 Angela 堆起來的積木給推倒。

情緒問題：當 Melanie 推倒 Angela 的積木時，Angela 感覺怎麼樣？
提示：她會覺得高興／難過／生氣／害怕？
判斷問題：她為什麼會覺得高興／難過／生氣／害怕？

教師：向孩童描述圖片內容，並詢問孩童故事主角人物的感受，讓孩童說出
　　　或指出下列的臉部表情圖片來回答。

圖片 39：Elaine 踢 David 的球拍，結果球拍斷成兩半。

情緒問題：當 Elaine 踢斷 David 的球拍時，David 感覺怎麼樣？

提示：他會覺得高興／難過／生氣／害怕？

判斷問題：他為什麼會覺得高興／難過／生氣／害怕？

教師：向孩童描述圖片內容，並詢問孩童故事主角人物的感受，讓孩童說出
或指出下列的臉部表情圖片來回答。

圖片 40：Malcolm 跳起來踩 Peter 的玩具車，玩具車就壞掉了。

情緒問題：當 Malcolm 踩壞 Peter 的玩具車時，Peter 感覺怎麼樣？
提示：他會覺得高興／難過／生氣／害怕？
判斷問題：他為什麼會覺得高興／難過／生氣／害怕？

教師：向孩童描述圖片內容，並詢問孩童故事主角人物的感受，讓孩童說出
　　　或指出下列的臉部表情圖片來回答。

圖片 41：Mary 搶了 William 的棒棒糖，不還給他。

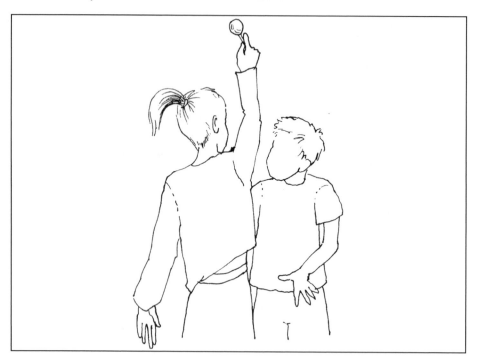

情緒問題：當 Mary 搶了 William 的棒棒糖時，William 感覺怎麼樣？
提示：他會覺得高興／難過／生氣／害怕？
判斷問題：他為什麼會覺得高興／難過／生氣／害怕？

教師：向孩童描述圖片內容，並詢問孩童故事主角人物的感受，讓孩童說出
或指出下列的臉部表情圖片來回答。

圖片 42：Bill 拿走 Gavin 的球，不還給他。

情緒問題：當 Bill 拿走 Gavin 的球時，Gavin 感覺怎麼樣？

提示：他會覺得高興／難過／生氣／害怕？

判斷問題：他為什麼會覺得高興／難過／生氣／害怕？

教師：向孩童描述圖片內容，並詢問孩童故事主角人物的感受，讓孩童說出
　　　或指出下列的臉部表情圖片來回答。

圖片 43：Glenn 拿走 Jacky 的筆，讓 Jacky 沒辦法畫畫。

情緒問題：當 Glenn 拿走 Jacky 的筆時，Jacky 感覺怎麼樣？

提示：她會覺得高興／難過／生氣／害怕？

判斷問題：她為什麼會覺得高興／難過／生氣／害怕？

教師：向孩童描述圖片內容，並詢問孩童故事主角人物的感受，讓孩童說出
或指出下列的臉部表情圖片來回答。

圖片 44：Debbie 搶走 Carol 的玩具熊，不還給她。

情緒問題：當 Debbie 搶走 Carol 的玩具熊時，Carol 感覺怎麼樣？

提示：她會覺得高興／難過／生氣／害怕？

判斷問題：她為什麼會覺得高興／難過／生氣／害怕？

教師：向孩童描述圖片內容，並詢問孩童故事主角人物的感受，讓孩童說出或指出下列的臉部表情圖片來回答。

圖片 45：Philip 推倒 Eddie，讓 Eddie 輸了這一場比賽。

情緒問題：當 Philip 推倒 Eddie 時，Eddie 感覺怎麼樣？

提示：他會覺得高興／難過／生氣／害怕？

判斷問題：他為什麼會覺得高興／難過／生氣／害怕？

教師：向孩童描述圖片內容，並詢問孩童故事主角人物的感受，讓孩童說出
　　　或指出下列的臉部表情圖片來回答。

圖片 46：Terry 擋住 Alice，不讓她進家門。

情緒問題：當 Terry 擋住 Alice，不讓她進家門時，Alice 感覺怎麼樣？
提示：她會覺得高興／難過／生氣／害怕？
判斷問題：她為什麼會覺得高興／難過／生氣／害怕？

教師：向孩童描述圖片內容，並詢問孩童故事主角人物的感受，讓孩童說出
或指出下列的臉部表情圖片來回答。

圖片 47：媽媽對 Ted 說：「不能再玩玩具了，該去睡覺了。」

情緒問題：當媽媽對 Ted 說不能再玩玩具時，Ted 感覺怎麼樣？

提示：他會覺得高興／難過／生氣／害怕？

判斷問題：他為什麼會覺得高興／難過／生氣／害怕？

教師：向孩童描述圖片內容，並詢問孩童故事主角人物的感受，讓孩童說出
或指出下列的臉部表情圖片來回答。

圖片 48：外面在下雨，媽媽不讓 Lizzie 出去玩。

情緒問題：當媽媽不讓 Lizzie 出去玩時，Lizzie 感覺怎麼樣？

提示：她會覺得高興／難過／生氣／害怕？

判斷問題：她為什麼會覺得高興／難過／生氣／害怕？

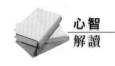
階段四　辨識以欲望為基礎的情緒

此階段所指的情緒是由個人的欲望是否被滿足而引起的。在本階段，孩童應該能夠根據圖片中人物的期待是否被滿足來界定主角感覺（無論高興或難過）。

教材及評量步驟

本階段的教材是一組圖片，呈現各種情緒情境中不同的臉部表情。孩童需解讀圖片中的社會與情緒脈絡，並預測主角人物在情境中的情緒表現。主要的情緒有**難過**或**高興**。

建立基線

評量以欲望為基礎的情緒，可從下列故事情境中挑選四個故事〔高興的欲望情境挑選兩張（1A 至 24A），難過的欲望情境也挑選兩張（1B 至 24B）〕。當描述完故事中上下兩張圖片後，簡單地詢問孩童「x（圖片中主角人物）感覺怎麼樣？高興還是難過？」如下所示。

欲望 16A：Jennifer 想要蛋糕當點心。

情境：Jennifer 的爸爸給她蛋糕當點心。

第一張圖：看！這是 Jennifer。這張小圖告訴我們 Jennifer 想要什麼。Jennifer 想要蛋糕當點心。

第二張圖：看！Jennifer 的爸爸給她蛋糕當點心。

欲望問題：Jennifer 想要什麼？

提示：看！這張圖告訴你 Jennifer 想要什麼。（指著第一張圖中欲望的小插圖）Jennifer 想要什麼？

情緒問題：當 Jennifer 的爸爸給她蛋糕當點心時，她感覺怎麼樣？你能指出是哪一個臉部表情嗎？

提示：她會覺得高興還是難過？（記得變換情緒語詞的順序，依序指著每一張臉部表情圖片）

讓我們想一想 Jennifer 覺得怎麼樣。（讓孩童指出臉部表情圖片）
看！若孩童沒有答案或答案錯誤，提示：Jennifer 覺得高興。

因果問題：她為什麼會覺得高興？

如果孩童無法正確解讀出四個情緒故事中的任一個，就從這個階段開始教。

教學程序

在本階段一開始，可運用故事主角人物的欲望是否被滿足的情況，來測試孩童預測主角人物情緒（高興／難過）的能力。教師先向孩童描述第一張圖片（說明主角人物想要什麼），接著描述下一張圖片（說明實際發生什麼事情）。

教師隨後詢問孩童，圖片中主角人物想要什麼，她／他覺得怎麼樣，同時提供兩個可能的答案（高興／難過），並要求孩童指出正確的臉部表情。

再次強調，如果孩童反應正確，教師應先給予增強，再藉由詢問孩童「為什麼主角人物會覺得高興／難過呢？」等問題，來加強孩童的理解。如果孩童的反應不正確，則立即提供正確的答案，這樣的作法主要是讓孩童理解主角人物思考的方式。

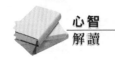

以欲望為基礎的情緒故事範例（欲望被滿足；欲望 13A）

Katie 想要撈魚！Katie 在海邊撈到一條大魚。

第一張圖：看！這是 Katie。這張圖告訴我們 Katie 想要什麼。Katie 想要撈魚。

第二張圖：看！Katie 在海邊撈到一條大魚。

欲望問題：Katie 想要什麼？

情緒問題：當 Katie 撈到一條大魚時，她感覺怎麼樣？

提示：她會覺得高興還是難過？（依序指著每一張臉部表情圖片）

讓我們想一想 Katie 覺得怎麼樣。（孩童可以指著表情圖片）
看！Katie 覺得高興。

因果問題：她為什麼會覺得高興？

教學
情緒問題：當孩童回答不正確時。
讓我們看一看，並想一想 Katie 覺得怎麼樣。
看！Katie 覺得高興。（指著 Katie 的臉）
她覺得高興，因為她撈到魚。（指著魚）
Katie 覺得高興，因為她撈到魚了。（指著 Katie）

教學原則

無論孩童回答正確與否，必須持續提供孩童下列理解情緒的基本原則。

- 當你得到你想要的東西，你會覺得高興。
- 如果你得不到想要的東西，你會覺得難過。

圖 2.4　（欲望 1A～24B）
用於辨識「以欲望為基礎的情緒」之圖片與教學程序

高興的欲望情境

教師：先告訴孩童故事主角人物的欲望是什麼，再描述故事的結果。先確認
　　　孩童是否瞭解故事主角人物的欲望，再讓孩童說出故事主角人物的感
　　　受，或指出下方的臉部表情圖片。

這是 Eric。這張圖告訴我們 Eric 想要什麼。

欲望 1A：Eric 想要坐火車。

結果 1A：Eric 和爸爸一起坐火車。

欲望問題：Eric 想要什麼？

提示：看！這張圖告訴你 Eric 想要什麼。

情緒問題：當Eric去坐火車時，他感覺怎
　　　麼樣？

提示：他會覺得高興／難過？

判斷問題：他為什麼會覺得高興／難過？

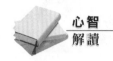

教師：先告訴孩童故事主角人物的欲望是什麼，再描述故事的結果。先確認
　　　孩童是否瞭解故事主角人物的欲望，再讓孩童說出故事主角人物的感
　　　受，或指出下方的臉部表情圖片。

這是 Tracy。這張圖告訴我們 Tracy 想要什麼。

欲望 2A：Tracy 想要吃蘋果。

結果 2A：午餐時間，Tracy 的媽媽給她一顆蘋果。

欲望問題：Tracy 想要什麼？

提示：看！這張圖告訴你 Tracy 想要什麼。

情緒問題：當 Tracy 的媽媽給她一顆蘋果
　　　時，她感覺怎麼樣？

提示：她會覺得高興／難過？

判斷問題：她為什麼會覺得高興／難過？

▪ 086 ▪

教師：先告訴孩童故事主角人物的欲望是什麼，再描述故事的結果。先確認
孩童是否瞭解故事主角人物的欲望，再讓孩童說出故事主角人物的感
受，或指出下方的臉部表情圖片。

這是 Toby。這張圖告訴我們 Toby 想要什麼。

欲望 3A：Toby 想要一杯熱牛奶。

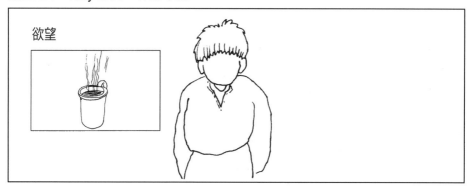

結果 3A：睡前，Toby 的爸爸泡了一杯熱牛奶給他。

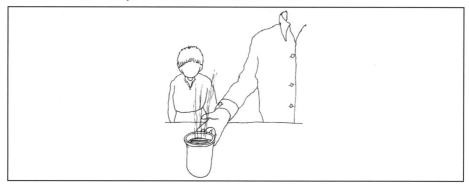

欲望問題：Toby 想要什麼？

提示：看！這張圖告訴你 Toby 想要什麼。

情緒問題：當 Toby 的爸爸泡了一杯熱牛
奶給他時，他感覺怎麼樣？

提示：他會覺得高興／難過？

判斷問題：他為什麼會覺得高興／難過？

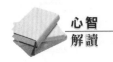

教師：先告訴孩童故事主角人物的欲望是什麼，再描述故事的結果。先確認
　　　　孩童是否瞭解故事主角人物的欲望，再讓孩童說出故事主角人物的感
　　　　受，或指出下方的臉部表情圖片。

這是 Claire。這張圖告訴我們 Claire 想要什麼。

欲望 4A：Claire 想要看小豬。

結果 4A：Claire 的媽媽帶她去看小豬。

欲望問題：Claire 想要什麼？

提示：看！這張圖告訴你 Claire 想要什麼。

情緒問題：當 Claire 的媽媽帶她去看小豬
　　　　時，她感覺怎麼樣？

提示：她會覺得高興／難過？

判斷問題：她為什麼會覺得高興／難過？

教師：先告訴孩童故事主角人物的欲望是什麼，再描述故事的結果。先確認
孩童是否瞭解故事主角人物的欲望，再讓孩童說出故事主角人物的感
受，或指出下方的臉部表情圖片。

這是 George。這張圖告訴我們 George 想要什麼。

欲望 5A：George 想要吃糖果。

結果 5A：Lucy 給 George 一袋糖果。

欲望問題：George 想要什麼？

提示：看！這張圖告訴你 George 想要什麼。

情緒問題：當 Lucy 給 George 一袋糖果
時，George 感覺怎麼樣？

提示：他會覺得高興／難過？

判斷問題：他為什麼會覺得高興／難過？

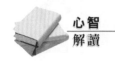

教師：先告訴孩童故事主角人物的欲望是什麼，再描述故事的結果。先確認
孩童是否瞭解故事主角人物的欲望，再讓孩童說出故事主角人物的感
受，或指出下方的臉部表情圖片。

這是 Luke。這張圖告訴我們 Luke 想要什麼。

欲望 6A：Luke 想要玩紙船。

結果 6A：Luke 的爸爸說：「我們去玩紙船吧！」

欲望問題：Luke 想要什麼？

提示：看！這張圖告訴你 Luke 想要什麼。

情緒問題：當 Luke 的爸爸說：「我們去
玩紙船吧！」他感覺怎麼樣？

提示：他會覺得高興／難過？

判斷問題：他為什麼會覺得高興／難過？

教師：先告訴孩童故事主角人物的欲望是什麼，再描述故事的結果。先確認
　　　孩童是否瞭解故事主角人物的欲望，再讓孩童說出故事主角人物的感
　　　受，或指出下方的臉部表情圖片。

這是 Brian。這張圖告訴我們 Brian 想要什麼。

欲望 7A：Brian 想要去游泳池。

結果 7A：Brian 的姊姊帶他去游泳池。

欲望問題：Brian 想要什麼？

提示：看！這張圖告訴你 Brian 想要什麼。

情緒問題：當 Brian 的姊姊帶他去游泳池
　　　　　時，他感覺怎麼樣？

提示：他會覺得高興／難過？

判斷問題：他為什麼會覺得高興／難過？

教師：先告訴孩童故事主角人物的欲望是什麼，再描述故事的結果。先確認
孩童是否瞭解故事主角人物的欲望，再讓孩童說出故事主角人物的感
受，或指出下方的臉部表情圖片。

這是 Jill。這張圖告訴我們 Jill 想要什麼。

欲望 8A：Jill 想要去放風箏。

結果 8A：Brenda 給 Jill 一個風箏。

欲望問題：Jill 想要什麼？

提示：看！這張圖告訴你 Jill 想要什麼。

情緒問題：當 Brenda 給 Jill 一個風箏時，
　　　　　　Jill 感覺怎麼樣？

提示：她會覺得高興／難過？

判斷問題：她為什麼會覺得高興／難過？

教師：先告訴孩童故事主角人物的欲望是什麼，再描述故事的結果。先確認
　　　孩童是否瞭解故事主角人物的欲望，再讓孩童說出故事主角人物的感
　　　受，或指出下方的臉部表情圖片。

這是 Jean。這張圖告訴我們 Jean 想要什麼。

欲望 9A：Jean 想要騎馬。

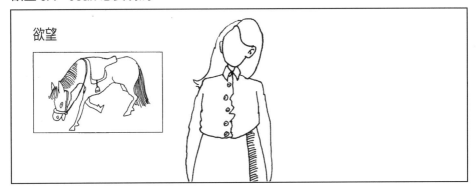

結果 9A：Jean 的媽媽帶她去騎馬。

欲望問題：Jean 想要什麼？

提示：看！這張圖告訴你 Jean 想要什麼。

情緒問題：當 Jean 的媽媽帶她去騎馬時，
　　　　　她感覺怎麼樣？

提示：她會覺得高興／難過？

判斷問題：她為什麼會覺得高興／難過？

教師：先告訴孩童故事主角人物的欲望是什麼，再描述故事的結果。先確認
孩童是否瞭解故事主角人物的欲望，再讓孩童說出故事主角人物的感
受，或指出下方的臉部表情圖片。

這是 Pat。這張圖告訴我們 Pat 想要什麼。

欲望 10A：Pat 想要一把雨傘。

結果 10A：Pat 的媽媽買給她一把雨傘。

欲望問題：Pat 想要什麼？

提示：看！這張圖告訴你 Pat 想要什麼。

情緒問題：當 Pat 的媽媽買給她一把雨傘
時，她感覺怎麼樣？

提示：她會覺得高興／難過？

判斷問題：她為什麼會覺得高興／難過？

教師：先告訴孩童故事主角人物的欲望是什麼，再描述故事的結果。先確認
孩童是否瞭解故事主角人物的欲望，再讓孩童說出故事主角人物的感
受，或指出下方的臉部表情圖片。

這是 Adrian。這張圖告訴我們 Adrian 想要什麼。

欲望 11A：Adrian 想要故事書。

結果 11A：Adrian 的媽媽買給他一本故事書。

欲望問題：Adrian 想要什麼？

提示：看！這張圖告訴你 Adrian 想要什麼。

情緒問題：當 Adrian 的媽媽買給他書時，
他感覺怎麼樣？

提示：他會覺得高興／難過？

判斷問題：他為什麼會覺得高興／難過？

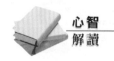

教師：先告訴孩童故事主角人物的欲望是什麼，再描述故事的結果。先確認
　　　孩童是否瞭解故事主角人物的欲望，再讓孩童說出故事主角人物的感
　　　受，或指出下方的臉部表情圖片。

這是 Paul。這張圖告訴我們 Paul 想要什麼。

欲望 12A：Paul 想要去溜滑梯。

結果 12A：Ann 帶 Paul 去溜滑梯。

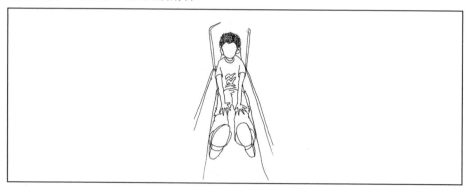

欲望問題：Paul 想要什麼？

提示：看！這張圖告訴你 Paul 想要什麼。

情緒問題：當 Ann 帶 Paul 去溜滑梯時，
　　　Paul 感覺怎麼樣？

提示：他會覺得高興／難過？

判斷問題：他為什麼會覺得高興／難過？

教師：先告訴孩童故事主角人物的欲望是什麼，再描述故事的結果。先確認
　　　孩童是否瞭解故事主角人物的欲望，再讓孩童說出故事主角人物的感
　　　受，或指出下方的臉部表情圖片。

這是 Katie。這張圖告訴我們 Katie 想要什麼。

欲望 13A：Katie 想要撈魚。

結果 13A：Katie 在海邊撈到一條大魚。

欲望問題：Katie 想要什麼？

提示：看！這張圖告訴你 Katie 想要什麼。

情緒問題：當 Katie 在海邊撈到一條大魚
　　　　　時，她感覺怎麼樣？

提示：她會覺得高興／難過？

判斷問題：她為什麼會覺得高興／難過？

教師：先告訴孩童故事主角人物的欲望是什麼，再描述故事的結果。先確認
孩童是否瞭解故事主角人物的欲望，再讓孩童說出故事主角人物的感
受，或指出下方的臉部表情圖片。

這是 Sam。這張圖告訴我們 Sam 想要什麼。

欲望 14A：Sam 想要一盒水彩。

欲望

結果 14A：Sam 的媽媽買了一盒水彩給他。

欲望問題：Sam 想要什麼？

提示：看！這張圖告訴你 Sam 想要什麼。

情緒問題：當 Sam 的媽媽買了一盒水彩給
他時，他感覺怎麼樣？

提示：他會覺得高興／難過？

判斷問題：他為什麼會覺得高興／難過？

教師：先告訴孩童故事主角人物的欲望是什麼，再描述故事的結果。先確認
孩童是否瞭解故事主角人物的欲望，再讓孩童說出故事主角人物的感
受，或指出下方的臉部表情圖片。

這是 Billy。這張圖告訴我們 Billy 想要什麼。

欲望 15A：Billy 想要玩旋轉木馬。

結果 15A：Billy 在玩旋轉木馬。

欲望問題：Billy 想要什麼？

提示：看！這張圖告訴你 Billy 想要什麼。

情緒問題：當 Billy 在玩旋轉木馬時，他
感覺怎麼樣？

提示：他會覺得高興／難過？

判斷問題：他為什麼會覺得高興／難過？

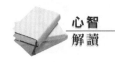

教師：先告訴孩童故事主角人物的欲望是什麼，再描述故事的結果。先確認
孩童是否瞭解故事主角人物的欲望，再讓孩童說出故事主角人物的感
受，或指出下方的臉部表情圖片。

這是 Jennifer。這張圖告訴我們 Jennifer 想要什麼。

欲望 16A：Jennifer 想要蛋糕當點心。

結果 16A：Jennifer 的爸爸給她蛋糕當點心。

欲望問題：Jennifer 想要什麼？

提示：看！這張圖告訴你 Jennifer 想要什麼。

情緒問題：當 Jennifer 的爸爸給她蛋糕當
點心時，她感覺怎麼樣？

提示：她會覺得高興／難過？

判斷問題：她為什麼會覺得高興／難過？

教師：先告訴孩童故事主角人物的欲望是什麼，再描述故事的結果。先確認
孩童是否瞭解故事主角人物的欲望，再讓孩童說出故事主角人物的感
受，或指出下方的臉部表情圖片。

這是 Thomas。這張圖告訴我們 Thomas 想要什麼。

欲望 17A：Thomas 想要去遊樂園看小丑表演。

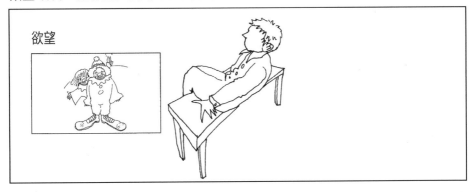

結果 17A：Thomas 在遊樂園看小丑表演。

欲望問題：Thomas 想要什麼？

提示：看！這張圖告訴你 Thomas 想要什麼。

情緒問題：當 Thomas 在遊樂園看小丑表
演時，他感覺怎麼樣？

提示：他會覺得高興／難過？

判斷問題：他為什麼會覺得高興／難過？

教師：先告訴孩童故事主角人物的欲望是什麼，再描述故事的結果。先確認
　　　孩童是否瞭解故事主角人物的欲望，再讓孩童說出故事主角人物的感
　　　受，或指出下方的臉部表情圖片。

這是 Alan。這張圖告訴我們 Alan 想要什麼。

欲望 18A：Alan 想要吃巧克力冰淇淋。

結果 18A：Alan 的爸爸買巧克力冰淇淋給他。

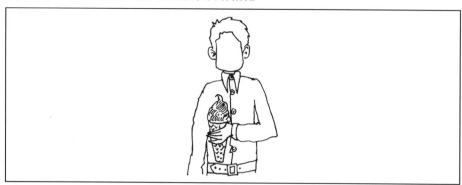

欲望問題：Alan 想要什麼？

提示：看！這張圖告訴你 Alan 想要什麼。

情緒問題：當 Alan 的爸爸買巧克力冰淇
　　　淋給他時，他感覺怎麼樣？

提示：他會覺得高興／難過？

判斷問題：他為什麼會覺得高興／難過？

教師：先告訴孩童故事主角人物的欲望是什麼，再描述故事的結果。先確認
孩童是否瞭解故事主角人物的欲望，再讓孩童說出故事主角人物的感
受，或指出下方的臉部表情圖片。

這是 Jane。這張圖告訴我們 Jane 想要什麼。

欲望 19A：Jane 想玩盪鞦韆。

結果 19A：Elizabeth 帶 Jane 去玩盪鞦韆。

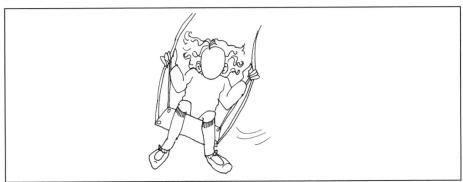

欲望問題：Jane 想要什麼？

提示：看！這張圖告訴你 Jane 想要什麼。

情緒問題：當 Elizabeth 帶 Jane 去玩盪鞦
韆時，Jane 感覺怎麼樣？

提示：她會覺得高興／難過？

判斷問題：她為什麼會覺得高興／難過？

教師：先告訴孩童故事主角人物的欲望是什麼，再描述故事的結果。先確認
　　　孩童是否瞭解故事主角人物的欲望，再讓孩童說出故事主角人物的感
　　　受，或指出下方的臉部表情圖片。

這是 Josie。這張圖告訴我們 Josie 想要什麼。

欲望 20A：Josie 想要 Nigel 參加慶生會。

結果 20A：Josie 和 Nigel 一起參加慶生會。

欲望問題：Josie 想要什麼？

提示：看！這張圖告訴你 Josie 想要什麼。

情緒問題：當 Josie 和 Nigel 一起參加慶生
　　　　　會時，Josie 感覺怎麼樣？

提示：她會覺得高興／難過？

判斷問題：她為什麼會覺得高興／難過？

教師：先告訴孩童故事主角人物的欲望是什麼，再描述故事的結果。先確認
孩童是否瞭解故事主角人物的欲望，再讓孩童說出故事主角人物的感
受，或指出下方的臉部表情圖片。

這是 Daniel。這張圖告訴我們 Daniel 想要什麼。

欲望 21A：Daniel 想要騎他的腳踏車去商店。

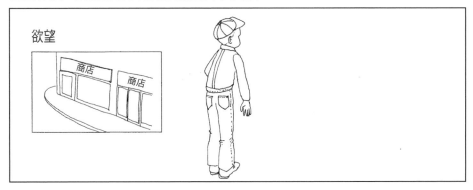

結果 21A：Daniel 的媽媽讓他騎腳踏車去商店。

欲望問題：Daniel 想要什麼？

提示：看！這張圖告訴你 Daniel 想要什麼。

情緒問題：當 Daniel 的媽媽要他騎腳踏車
去商店時，他感覺怎麼樣？

提示：他會覺得高興／難過？

判斷問題：他為什麼會覺得高興／難過？

教師：先告訴孩童故事主角人物的欲望是什麼，再描述故事的結果。先確認
　　　孩童是否瞭解故事主角人物的欲望，再讓孩童說出故事主角人物的感
　　　受，或指出下方的臉部表情圖片。

這是 Tina。這張圖告訴我們 Tina 想要什麼。

欲望 22A：Tina 想要一幅美麗花朵的圖畫。

結果 22A：Tina 的姊姊買一幅美麗花朵的圖畫給她。

欲望問題：Tina 想要什麼？

提示：看！這張圖告訴你 Tina 想要什麼。

情緒問題：當 Tina 的姊姊買一幅美麗花朵
　　　　　的圖畫給她時，她感覺怎麼樣？

提示：她會覺得高興／難過？

判斷問題：她為什麼會覺得高興／難過？

教師：先告訴孩童故事主角人物的欲望是什麼，再描述故事的結果。先確認
孩童是否瞭解故事主角人物的欲望，再讓孩童說出故事主角人物的感
受，或指出下方的臉部表情圖片。

這是 Matthew。這張圖告訴我們 Matthew 想要什麼。

欲望 23A：Matthew 想要玩具飛機。

結果 23A：Matthew 的哥哥給他一架玩具飛機。

欲望問題：Matthew 想要什麼？

提示：看！這張圖告訴你 Matthew 想要什麼。

情緒問題：當 Matthew 的哥哥給他一架玩
具飛機時，他感覺怎麼樣？

提示：他會覺得高興／難過？

判斷問題：他為什麼會覺得高興／難過？

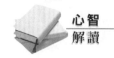

教師：先告訴孩童故事主角人物的欲望是什麼，再描述故事的結果。先確認
　　　　孩童是否瞭解故事主角人物的欲望，再讓孩童說出故事主角人物的感
　　　　受，或指出下方的臉部表情圖片。

這是 Betty。這張圖告訴我們 Betty 想要什麼。

欲望 24A：Betty 想要一隻小熊玩偶當作生日禮物。

結果 24A：Betty 的奶奶送她一隻小熊玩偶當作生日禮物。

欲望問題：Betty 想要什麼？

提示：看！這張圖告訴你 Betty 想要什麼。

情緒問題：當 Betty 的奶奶送她一隻小熊
　　　　玩偶當作生日禮物時，她感覺怎麼
　　　　樣？

提示：她會覺得高興／難過？

判斷問題：她為什麼會覺得高興／難過？

難過的欲望情境

教師：先告訴孩童故事主角人物的欲望是什麼，再描述故事的結果。先確認
　　　孩童是否瞭解故事主角人物的欲望，再讓孩童說出故事主角人物的感
　　　受，或指出下方的臉部表情圖片。

這是 Eric。這張圖告訴我們 Eric 想要什麼。

欲望 1B：Eric 想要爸爸開車帶他出去玩。

結果 1B：Eric 的爸爸帶他去坐火車。

欲望問題：Eric 想要什麼？

提　示：看！這張圖告訴你 Eric 想要什麼。

情緒問題：當 Eric 的爸爸帶他去坐火車
　　　　　時，他感覺怎麼樣？

提　示：他會覺得高興／難過？

判斷問題：他為什麼會覺得高興／難過？

教師：先告訴孩童故事主角人物的欲望是什麼，再描述故事的結果。先確認
孩童是否瞭解故事主角人物的欲望，再讓孩童說出故事主角人物的感
受，或指出下方的臉部表情圖片。

這是 Tracy。這張圖告訴我們 Tracy 想要什麼。

欲望 2B：Tracy 想要吃香蕉。

結果 2B：午餐時間，Tracy 的媽媽給她一顆蘋果。

欲望問題：Tracy 想要什麼？

提示：看！這張圖告訴你 Tracy 想要什麼。

情緒問題：當 Tracy 的媽媽給她一顆蘋果
時，她感覺怎麼樣？

提示：她會覺得高興／難過？

判斷問題：她為什麼會覺得高興／難過？

教師：先告訴孩童故事主角人物的欲望是什麼，再描述故事的結果。先確認
　　　　孩童是否瞭解故事主角人物的欲望，再讓孩童說出故事主角人物的感
　　　　受，或指出下方的臉部表情圖片。

這是 Toby。這張圖告訴我們 Toby 想要什麼。

欲望 3B：Toby 想要喝果汁。

結果 3B：睡前，Toby 的爸爸泡了一杯熱牛奶給他。

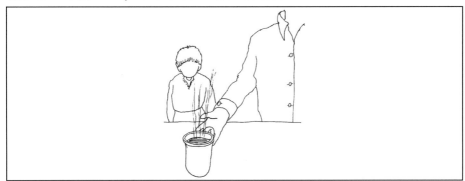

欲望問題：Toby 想要什麼？

提示：看！這張圖告訴你 Toby 想要什麼。

情緒問題：當 Toby 的爸爸泡了一杯熱牛
　　　　奶給他時，他感覺怎麼樣？

提示：他會覺得高興／難過？

判斷問題：他為什麼會覺得高興／難過？

教師：先告訴孩童故事主角人物的欲望是什麼，再描述故事的結果。先確認
　　　孩童是否瞭解故事主角人物的欲望，再讓孩童說出故事主角人物的感
　　　受，或指出下方的臉部表情圖片。

這是 Claire。這張圖告訴我們 Claire 想要什麼。

欲望 4B：Claire 想要看小綿羊。

結果 4B：Claire 的媽媽帶她去看小豬。

欲望問題：Claire 想要什麼？

提示：看！這張圖告訴你 Claire 想要什麼。

情緒問題：當 Claire 的媽媽帶她去看小豬
　　　時，她感覺怎麼樣？

提示：她會覺得高興／難過？

判斷問題：她為什麼會覺得高興／難過？

教師：先告訴孩童故事主角人物的欲望是什麼，再描述故事的結果。先確認孩童是否瞭解故事主角人物的欲望，再讓孩童說出故事主角人物的感受，或指出下方的臉部表情圖片。

這是 George。這張圖告訴我們 George 想要什麼。

欲望 5B：George 想要吃洋芋片。

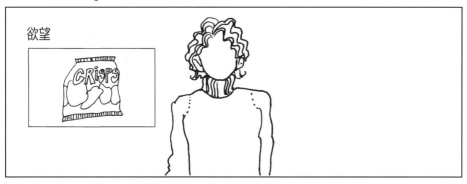

結果 5B：Lucy 給 George 一袋糖果。

欲望問題：George 想要什麼？

提示：看！這張圖告訴你 George 想要什麼。

情緒問題：當 Lucy 給 George 一袋糖果時，George 感覺怎麼樣？

提示：他會覺得高興／難過？

判斷問題：他為什麼會覺得高興／難過？

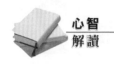
教師：先告訴孩童故事主角人物的欲望是什麼，再描述故事的結果。先確認
孩童是否瞭解故事主角人物的欲望，再讓孩童說出故事主角人物的感
受，或指出下方的臉部表情圖片。

這是 Luke。這張圖告訴我們 Luke 想要什麼。

欲望 6B：Luke 想要去池塘餵鴨子。

結果 6B：Luke 的爸爸說：「我們去玩紙船吧！」

欲望問題：Luke 想要什麼？

提示：看！這張圖告訴你 Luke 想要什麼。

情緒問題：當 Luke 的爸爸說：「我們去
玩紙船吧！」他感覺怎麼樣？

提示：他會覺得高興／難過？

判斷問題：他為什麼會覺得高興／難過？

教師：先告訴孩童故事主角人物的欲望是什麼，再描述故事的結果。先確認
孩童是否瞭解故事主角人物的欲望，再讓孩童說出故事主角人物的感
受，或指出下方的臉部表情圖片。

這是 Brian。這張圖告訴我們 Brian 想要什麼。

欲望 7B：Brian 想要去海邊。

結果 7B：Brian 的姊姊帶他去游泳池。

欲望問題：Brian 想要什麼？

提示：看！這張圖告訴你 Brian 想要什麼。

情緒問題：當 Brian 的姊姊帶他去游泳池
時，他感覺怎麼樣？

提示：他會覺得高興／難過？

判斷問題：他為什麼會覺得高興／難過？

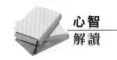

教師：先告訴孩童故事主角人物的欲望是什麼，再描述故事的結果。先確認
　　　孩童是否瞭解故事主角人物的欲望，再讓孩童說出故事主角人物的感
　　　受，或指出下方的臉部表情圖片。

這是 Jill。這張圖告訴我們 Jill 想要什麼。

欲望 8B：Jill 想要玩盪鞦韆。

結果 8B：Brenda 給 Jill 一個風箏。

欲望問題：Jill 想要什麼？

提示：看！這張圖告訴你 Jill 想要什麼。

情緒問題：當 Brenda 給 Jill 一個風箏時，
　　　Jill 感覺怎麼樣？

提示：她會覺得高興／難過？

判斷問題：她為什麼會覺得高興／難過？

教師：先告訴孩童故事主角人物的欲望是什麼，再描述故事的結果。先確認
孩童是否瞭解故事主角人物的欲望，再讓孩童說出故事主角人物的感
受，或指出下方的臉部表情圖片。

這是 Jean。這張圖告訴我們 Jean 想要什麼。

欲望 9B：Jean 想要去跳舞。

結果 9B：Jean 的媽媽帶她去騎馬。

欲望問題：Jean 想要什麼？

提示：看！這張圖告訴你 Jean 想要什麼。

情緒問題：當 Jean 的媽媽帶她去騎馬時，
她感覺怎麼樣？

提示：她會覺得高興／難過？

判斷問題：她為什麼會覺得高興／難過？

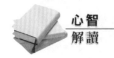

教師：先告訴孩童故事主角人物的欲望是什麼，再描述故事的結果。先確認
孩童是否瞭解故事主角人物的欲望，再讓孩童說出故事主角人物的感
受，或指出下方的臉部表情圖片。

這是 Pat。這張圖告訴我們 Pat 想要什麼。

欲望 10B：Pat 想要一頂雨帽。

結果 10B：Pat 的媽媽買給她一把雨傘。

欲望問題：Pat 想要什麼？

提示：看！這張圖告訴你 Pat 想要什麼。

情緒問題：當 Pat 的媽媽買給她一把雨傘
時，她感覺怎麼樣？

提示：她會覺得高興／難過？

判斷問題：她為什麼會覺得高興／難過？

教師：先告訴孩童故事主角人物的欲望是什麼，再描述故事的結果。先確認
孩童是否瞭解故事主角人物的欲望，再讓孩童說出故事主角人物的感
受，或指出下方的臉部表情圖片。

這是 Adrian。這張圖告訴我們 Adrian 想要什麼。

欲望 11B：Adrian 想要一本火車的書。

結果 11B：Adrian 的媽媽買給他一本汽車的書。

欲望問題：Adrian 想要什麼？

提示：看！這張圖告訴你 Adrian 想要什麼。

情緒問題：當 Adrian 的媽媽買給他一本汽
車的書時，他感覺怎麼樣？

提示：他會覺得高興／難過？

判斷問題：他為什麼會覺得高興／難過？

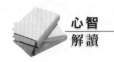

教師：先告訴孩童故事主角人物的欲望是什麼，再描述故事的結果。先確認
孩童是否瞭解故事主角人物的欲望，再讓孩童說出故事主角人物的感
受，或指出下方的臉部表情圖片。

這是 Paul。這張圖告訴我們 Paul 想要什麼。

欲望 12B：Paul 想要玩翹翹板。

結果 12B：Ann 帶 Paul 去溜滑梯。

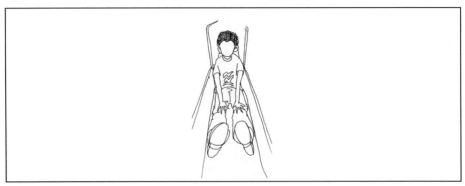

欲望問題：Paul 想要什麼？

提示：看！這張圖告訴你 Paul 想要什麼。

情緒問題：當 Ann 帶 Paul 去溜滑梯時，
Paul 感覺怎麼樣？

提示：他會覺得高興／難過？

判斷問題：他為什麼會覺得高興／難過？

教師：先告訴孩童故事主角人物的欲望是什麼，再描述故事的結果。先確認孩童是否瞭解故事主角人物的欲望，再讓孩童說出故事主角人物的感受，或指出下方的臉部表情圖片。

這是 Katie。這張圖告訴我們 Katie 想要什麼。

欲望 13B：Katie 想要撈螃蟹。

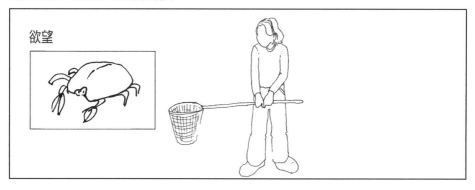

結果 13B：Katie 在海邊撈到一條大魚。

欲望問題：Katie 想要什麼？

提示：看！這張圖告訴你 Katie 想要什麼。

情緒問題：當 Katie 撈到一條大魚時，她感覺怎麼樣？

提示：她會覺得高興／難過？

判斷問題：她為什麼會覺得高興／難過？

教師：先告訴孩童故事主角人物的欲望是什麼，再描述故事的結果。先確認
孩童是否瞭解故事主角人物的欲望，再讓孩童說出故事主角人物的感
受，或指出下方的臉部表情圖片。

這是 Sam。這張圖告訴我們 Sam 想要什麼。

欲望 14B：Sam 想要玩具車。

欲望

結果 14B：Sam 的媽媽買了一盒水彩給他。

欲望問題：Sam 想要什麼？

提示：看！這張圖告訴你 Sam 想要什麼。

情緒問題：當 Sam 的媽媽買了一盒水彩給
他時，他感覺怎麼樣？

提示：他會覺得高興／難過？

判斷問題：他為什麼會覺得高興／難過？

教師：先告訴孩童故事主角人物的欲望是什麼，再描述故事的結果。先確認
孩童是否瞭解故事主角人物的欲望，再讓孩童說出故事主角人物的感
受，或指出下方的臉部表情圖片。

這是 Billy。這張圖告訴我們 Billy 想要什麼。

欲望 15B：Billy 想要玩雲霄飛車。

欲望

結果 15B：Billy 在玩旋轉木馬。

欲望問題：Billy 想要什麼？

提示：看！這張圖告訴你 Billy 想要什麼。

情緒問題：當 Billy 在玩旋轉木馬時，他
感覺怎麼樣？

提示：他會覺得高興／難過？

判斷問題：他為什麼會覺得高興／難過？

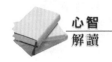

心智
解讀

教師：先告訴孩童故事主角人物的欲望是什麼，再描述故事的結果。先確認
　　　孩童是否瞭解故事主角人物的欲望，再讓孩童說出故事主角人物的感
　　　受，或指出下方的臉部表情圖片。

這是 Jennifer。這張圖告訴我們 Jennifer 想要什麼。

欲望 16B：Jennifer 想要吃果凍。

欲望

結果 16B：Jennifer 的爸爸給她蛋糕當點心。

欲望問題：Jennifer 想要什麼？

提示：看！這張圖告訴你 Jennifer 想要什麼。

情緒問題：當 Jennifer 的爸爸給她蛋糕時，
　　　她感覺怎麼樣？

提示：她會覺得高興／難過？

判斷問題：她為什麼會覺得高興／難過？

教師：先告訴孩童故事主角人物的欲望是什麼，再描述故事的結果。先確認
　　　孩童是否瞭解故事主角人物的欲望，再讓孩童說出故事主角人物的感
　　　受，或指出下方的臉部表情圖片。

這是 Thomas。這張圖告訴我們 Thomas 想要什麼。

欲望 17B：Thomas 想要去遊樂園看獅子表演。

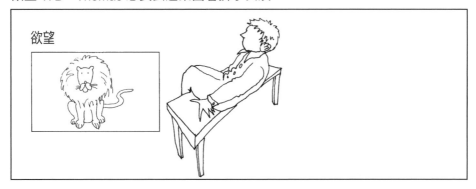

結果 17B：Thomas 在遊樂園看小丑表演。

欲望問題：Thomas 想要什麼？

提示：看！這張圖告訴你 Thomas 想要什麼。

情緒問題：當 Thomas 在遊樂園看小丑表
　　　演時，他感覺怎麼樣？

提示：他會覺得高興／難過？

判斷問題：他為什麼會覺得高興／難過？

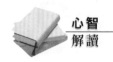
教師：先告訴孩童故事主角人物的欲望是什麼，再描述故事的結果。先確認
孩童是否瞭解故事主角人物的欲望，再讓孩童說出故事主角人物的感
受，或指出下方的臉部表情圖片。

這是 Alan。這張圖告訴我們 Alan 想要什麼。

欲望 18B：Alan 想要吃草莓冰淇淋。

結果 18B：Alan 的爸爸買巧克力冰淇淋給他。

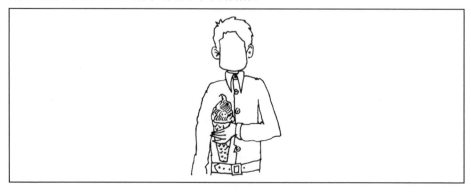

欲望問題：Alan 想要什麼？

提示：看！這張圖告訴你 Alan 想要什麼。

情緒問題：當 Alan 的爸爸買巧克力冰淇
淋給他時，他感覺怎麼樣？

提示：他會覺得高興／難過？

判斷問題：他為什麼會覺得高興／難過？

教師：先告訴孩童故事主角人物的欲望是什麼，再描述故事的結果。先確認
孩童是否瞭解故事主角人物的欲望，再讓孩童說出故事主角人物的感
受，或指出下方的臉部表情圖片。

這是 Jane。這張圖告訴我們 Jane 想要什麼。

欲望 19B：Jane 想要玩翹翹板。

結果 19B：Elizabeth 帶 Jane 去玩盪鞦韆。

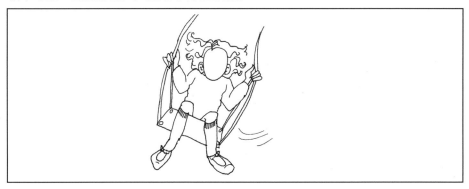

欲望問題：Jane 想要什麼？

提示：看！這張圖告訴你 Jane 想要什麼。

情緒問題：當 Elizabeth 帶 Jane 去玩盪鞦
韆時，Jane 感覺怎麼樣？

提示：她會覺得高興／難過？

判斷問題：她為什麼會覺得高興／難過？

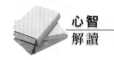

教師：先告訴孩童故事主角人物的欲望是什麼，再描述故事的結果。先確認
孩童是否瞭解故事主角人物的欲望，再讓孩童說出故事主角人物的感
受，或指出下方的臉部表情圖片。

這是 Josie。這張圖告訴我們 Josie 想要什麼。

欲望 20B：Josie 想要 Nigel 待在家裡。

結果 20B：Josie 和 Nigel 一起參加慶生會。

欲望問題：Josie 想要什麼？

提示：看！這張圖告訴你 Josie 想要什麼。

情緒問題：當 Josie 和 Nigel 一起參加慶生
會時，Josie 感覺怎麼樣？

提示：她會覺得高興／難過？

判斷問題：她為什麼會覺得高興／難過？

教師：先告訴孩童故事主角人物的欲望是什麼，再描述故事的結果。先確認
孩童是否瞭解故事主角人物的欲望，再讓孩童說出故事主角人物的感
受，或指出下方的臉部表情圖片。

這是 Daniel。這張圖告訴我們 Daniel 想要什麼。

欲望 21B：Daniel 想要騎他的腳踏車去公園。

結果 21B：Daniel 的媽媽叫他騎腳踏車去商店。

欲望問題：Daniel 想要什麼？

提示：看！這張圖告訴你 Daniel 想要什麼。

情緒問題：當 Daniel 的媽媽要他騎腳踏車
去商店時，他感覺怎麼樣？

提示：他會覺得高興／難過？

判斷問題：他為什麼會覺得高興／難過？

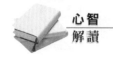

教師：先告訴孩童故事主角人物的欲望是什麼，再描述故事的結果。先確認
孩童是否瞭解故事主角人物的欲望，再讓孩童說出故事主角人物的感
受，或指出下方的臉部表情圖片。

這是 Tina。這張圖告訴我們 Tina 想要什麼。

欲望 22B：Tina 想要一幅有貓咪的圖畫。

結果 22B：Tina 的姊姊買一幅美麗花朵的圖畫給她。

欲望問題：Tina 想要什麼？

提示：看！這張圖告訴你 Tina 想要什麼。

情緒問題：當 Tina 的姊姊買一幅美麗花朵
的圖畫給她時，她感覺怎麼樣？

提示：她會覺得高興／難過？

判斷問題：她為什麼會覺得高興／難過？

教師：先告訴孩童故事主角人物的欲望是什麼，再描述故事的結果。先確認
　　　孩童是否瞭解故事主角人物的欲望，再讓孩童說出故事主角人物的感
　　　受，或指出下方的臉部表情圖片。

這是 Matthew。這張圖告訴我們 Matthew 想要什麼。

欲望 23B：Matthew 想要一輛玩具火車。

結果 23B：Matthew 的哥哥給他一架玩具飛機。

欲望問題：Matthew 想要什麼？

提示：看！這張圖告訴你 Matthew 想要什麼。

情緒問題：當 Matthew 的哥哥給他一架玩
　　　具飛機時，他感覺怎麼樣？

提示：他會覺得高興／難過？

判斷問題：他為什麼會覺得高興／難過？

教師：先告訴孩童故事主角人物的欲望是什麼，再描述故事的結果。先確認
　　　孩童是否瞭解故事主角人物的欲望，再讓孩童說出故事主角人物的感
　　　受，或指出下方的臉部表情圖片。

這是 Betty。這張圖告訴我們 Betty 想要什麼。

欲望 24B：Betty 想要洋娃娃當作生日禮物。

結果 24B：Betty 的奶奶送她一隻小熊玩偶當作生日禮物。

欲望問題：Betty 想要什麼？

提示：看！這張圖告訴你 Betty 想要什麼。

情緒問題：當 Betty 的奶奶送她一隻小熊
　　　玩偶當作生日禮物時，她感覺怎麼
　　　樣？

提示：她會覺得高興／難過？

判斷問題：她為什麼會覺得高興／難過？

階段五　辨識以信念為基礎的情緒

　　以信念為基礎的情緒是起源於他個人的想法，即使他的想法和現實是有所衝突的。本階段要求孩童每次看三張為一系列的圖片，依照圖片中主角人物是否相信他的欲望被滿足來預測主角人物的感受。

教材及評量步驟

　　本階段是以每個以信念為基礎的故事中黑白圖片為教材。第一張圖片呈現了現實的情況；第二張圖片呈現了主角人物與兩張小黑白插圖來表現出主角人物的欲望和信念；最後一張圖片則呈現了主角人物和故事的結果。

　　在第二和第三張圖片中，主角人物的臉部表情是空白的，孩童必須完成的任務，是在下面兩張黑白圖片中指出適合的臉部表情。

　　孩童需解讀圖片中的社會與情緒脈絡，並預測主角人物在情境中的情緒表現，主要的情緒有**難過**或**高興**。事實上，一個人的情緒感受取決於他的信念或欲望是否一致，本書以下面的例子作為教學範例。

1. **真實信念和已實現的欲望**（見範例 1A）			
實際情況 Jennifer 的爸爸買了蛋糕給她當點心。	欲望 Jennifer 想要蛋糕當點心。	信念 Jennifer 認為有蛋糕當點心。	Jennifer 覺得……
Jennifer 的爸爸給她蛋糕當點心。		情緒：高興	結果：高興

心智解讀

2. 真實信念和未實現的欲望（見範例 5B）			
實際情況 鞦韆上的繩索斷掉了。 Joanne 不能玩盪鞦韆。	**欲望** Joanne 想要玩盪鞦韆。	**信念** Joanne 認為鞦韆壞掉了。 情緒：難過	Joanne 覺得⋯⋯ 結果：難過

3. 已實現的欲望／錯誤的信念（見範例 5C）			
實際情況 Adrian 的媽媽買給他一本有關汽車的書。 Adrian 的媽媽給他一本有關汽車的書。	**欲望** Adrian 想要一本有關汽車的書。	**信念** Adrian 不知道媽媽買了一本有關汽車的書。 他認為媽媽買了一本有關火車的書。 情緒：難過	Adrian 覺得⋯⋯ 結果：高興

4. 未實現的欲望和錯誤信念（見範例 5D）			
實際情況 午餐時間，Tracy 的媽媽要給她一顆蘋果。 午餐時間，Tracy 的媽媽給她一顆蘋果。	**欲望** Tracy 想要吃香蕉。	**信念** Tracy 不知道有蘋果，她認為媽媽要給她香蕉。 情緒：高興	Tracy 覺得⋯⋯ 結果：難過

用來評量以情緒為基礎的信念的圖片，呈現在圖 2.5 中。

建立基線

此階段的情境故事需要兩個層次的情緒判斷。第一層次的情緒判斷，主角人物不知道故事的結果。因此，本層次是根據主角人物的欲望和信念來預測他的情緒。

信念可分為真實信念或錯誤信念；而欲望也可分為已實現的欲望或未實現的欲望。在 A 部分的十二個故事中，呈現主角人物的真實信念和已實現的欲望。B 部分的十二個故事，呈現主角人物的真實信念和未實現的欲望。在 C 部分，呈現主角人物的錯誤信念和已實現的欲望。在 D 部分，呈現主角人物錯誤信念和未實現的欲望。

接下來，第二層次的情緒判斷是根據主角人物發現故事結果後的情緒感受。

首先，利用第一張圖向孩童描述實際的情形，再運用第二張圖說明主角人物的欲望和信念，並確認孩童是否了解主角人物的欲望和信念。第一層次的情緒判斷，要求孩童根據主角人物的欲望和信念說出主角人物的情緒感受，或指出一個臉部表情圖片。第二層次的情緒判斷，是運用第三張故事結果的圖片要求孩童說明主角人物的情緒感受。

在本階段評量以信念為基礎的情緒時，需挑選四個情境故事（自 A、B、C、D 部分中各挑選一個）。當描述完故事圖片後，詢問孩童：「x 想要什麼？」「他認為他將得到什麼？」「x 感覺怎麼樣？」「他為什麼會覺得（高興或難過）？」以下列例子說明。

評量以信念為基礎的情緒（範例 2B）

情境：Tina 的姊姊買一幅美麗花朵的圖畫給她。

欲望：Tina 想要一幅有貓咪的圖畫。

信念：Tina 認為姊姊有一幅美麗花朵的圖畫。

第一張圖：看，這是 Tina 的姊姊；她已經為 Tina 準備了一幅美麗花朵的圖畫。

第二張圖：這是 Tina。這張小圖告訴我們 Tina 想要什麼，另外一張小圖告訴我們 Tina 的想法。

Tina 想要一幅有貓咪的圖畫，但是她認為姊姊買了一幅美麗花朵的圖畫。（適時地指向圖片）

欲望問題：Tina 想要什麼？

提示：看，這張圖告訴我們 Tina 想要什麼。（指向在第二張圖中的欲望小圖）她想要什麼？她想要……

信念問題：Tina 認為姊姊會給她什麼？

提示：看，這張圖告訴我們 Tina 的想法。（指向在第二張圖中的信念小圖）Tina 認為姊姊會給她什麼？她認為她會得到……

以信念為基礎的情緒問題：當 Tina 認為姊姊要給她一幅美麗花朵的圖畫時，她感覺怎麼樣？你能指出她的表情嗎？

提示：她會覺得高興或難過？（依序指著每一張臉部表情圖片）

判斷問題：為什麼 Tina 覺得〔孩童回答的答案〕？看，讓我們看看 Tina 感覺怎麼樣。（孩童可以指出表情圖片）

看，Tina 是難過的。

第三張圖：看，Tina 的姊姊給她一幅美麗花朵的圖畫。

結果—情緒問題：當 Tina 的姊姊給她美麗花朵的圖畫時，Tina 感覺怎麼樣？

如果孩童無法正確回答出四個以信念為基礎故事中的任一個，就從這個階段開始教。

教學程序

在本階段，教師必須指出圖片中主角人物的欲望和信念，並提示孩童說出主角人物的想法、他想要什麼、他的感覺以及造成感覺的原因。如果孩童反應正確，教師應先給予增強，再藉由詢問孩童「為什麼主角人物會覺得高興／難過呢？」等問題，來加強孩童的理解。如果孩童的反應不正確，則立即提供正確的答案，這樣的作法主要是讓孩童理解主角人物思考的方式。

以信念為基礎的情緒故事（範例 2D）：

情境：Matthew 的哥哥給他一架玩具飛機。

欲望：Matthew 想要一輛玩具火車。

信念：Matthew 認為哥哥買了一輛玩具火車。

第一張圖：看，Matthew 的哥哥給他一架玩具飛機。

第二張圖：這是 Matthew。這張小圖告訴我們 Matthew 想要什麼，另外一張小圖告訴我們 Matthew 的想法。Matthew 想要一輛玩具火車，Matthew 不知道有玩具飛機。他認為哥哥買了一輛玩具火車。

欲望問題：Matthew 想要什麼？

提示：看，這張圖告訴我們 Matthew 想要什麼。（指向在第二張圖中的欲望小圖）他想要什麼？他想要……

信念問題：Matthew 認為哥哥會給他什麼？

提示：看，這張圖告訴我們 Matthew 的想法。（指向在第二張圖中的信念小圖）Matthew 認為哥哥會給他什麼？他認為他會得到……

情緒問題：當 Matthew 認為哥哥要給他玩具火車時，他感覺怎麼樣？你能指出他的表情嗎？

提示：他會覺得高興／難過？（依序指著每一張臉部表情圖片）

看，讓我們看看 Matthew 感覺怎麼樣。（孩童可以指出表情圖片）看，Matthew 是高興的。

判斷問題：他為什麼是高興的？

教學原則

無論孩童回答正確與否，必須持續提供孩童下列理解情緒的基本原則。

- 如果我希望的事情發生了，我將感到高興。
- 如果我想做的事情不能去做，我將感到難過。
- 如果我認為將得到我想要的，即使最後我無法得到，但當時我還是會感到高興。
- 如果我認為將不會得到我想要的，即使最後我得到了，但當時我還是會感到難過。

圖 2.5 （範例 1A～12D）
　　用於辨識「以信念為基礎的情緒」之圖片與教學程序

A 部分：真實信念和已實現的欲望

範例 1A

實際情況：Jennifer 的爸爸買了蛋糕給她當點心。

這是 Jennifer。這張圖告訴我們 Jennifer 想要什麼。

欲望：Jennifer 想要蛋糕當點心。

這張圖告訴我們 Jennifer 的想法。

信念：Jennifer 認為有蛋糕當點心。

欲望問題：Jennifer 想要什麼？

提示：看，這張圖告訴我們 Jennifer 想要什麼。

信念問題：Jennifer 的想法是什麼？

提示：看，這張圖告訴我們 Jennifer 的想法。

情緒問題：Jennifer 想要蛋糕，且她認為
有蛋糕當點心。Jennifer 感覺怎麼樣？

提示：她會覺得高興／難過？

判斷問題：她為什麼會覺得高興／難過？

結果：Jennifer 的爸爸給她蛋糕當點心。

欲望問題：Jennifer 想要什麼？

提示：看，這張圖告訴我們 Jennifer 想要什麼。

情緒問題：當 Jennifer 的爸爸給她蛋糕當點心時，她感覺怎麼樣？

提示：她會覺得高興／難過？

判斷問題：她為什麼會覺得高興／難過？

範例2A

實際情況：Sam的媽媽買了一盒水彩給他。

這是Sam。這張圖告訴我們Sam想要什麼。

欲望：Sam想要一盒水彩。

這張圖告訴我們Sam的想法。

信念：Sam認為媽媽有買一盒水彩給他。

欲望問題：Sam想要什麼？

提示：看，這張圖告訴我們Sam想要什麼。

信念問題：Sam的想法是什麼？

提示：看，這張圖告訴我們Sam的想法。

情緒問題：Sam想要一盒水彩，且他認為
媽媽有買一盒水彩給他。Sam感覺怎
麼樣？

提示：他會覺得高興／難過？

判斷問題：他為什麼會覺得高興／難過？

結果：Sam 的媽媽給他一盒水彩。

欲望問題：Sam 想要什麼？

提示：看，這張圖告訴我們 Sam 想要什麼。

情緒問題：當 Sam 的媽媽給他一盒水彩時，他感覺怎麼樣？

提示：他會覺得高興／難過？

判斷問題：他為什麼會覺得高興／難過？

實際情況：Betty 的奶奶買一隻小熊玩偶給她當作生日禮物。

這是 Betty。這張圖告訴我們 Betty 想要什麼。

欲望：Betty 想要一隻小熊玩偶當作生日禮物。

這張圖告訴我們 Betty 的想法。

信念：Betty 認為奶奶有買一隻小熊玩偶給她。

欲望問題：Betty 想要什麼？

提示：看，這張圖告訴我們 Betty 想要什麼。

信念問題：Betty 的想法是什麼？

提示：看，這張圖告訴我們 Betty 的想法。

情緒問題：Betty 想要小熊玩偶，且她認為
奶奶有買一隻小熊玩偶給她。Betty 感
覺怎麼樣？

提示：她會覺得高興／難過？

判斷問題：她為什麼會覺得高興／難過？

結果：Betty 的奶奶送她一隻小熊玩偶當作生日禮物。

欲望問題：Betty 想要什麼？

提示：看，這張圖告訴我們 Betty 想要什麼。

情緒問題：當 Betty 的奶奶送她一隻小熊玩偶當作生日禮物時，她感覺怎麼樣？

提示：她會覺得高興／難過？

判斷問題：她為什麼會覺得高興／難過？

範例 4A

實際情況：Elizabeth 想帶 Jane 去玩盪鞦韆。

這是 Jane。這張圖告訴我們 Jane 想要什麼。

欲望：Jane 想要 Elizabeth 帶她去玩盪鞦韆。

這張圖告訴我們 Jane 的想法。

信念：Jane 認為 Elizabeth 會帶她去玩盪鞦韆。

欲望問題：Jane 想要什麼？

提示：看，這張圖告訴我們 Jane 想要什麼。

信念問題：Jane 的想法是什麼？

提示：看，這張圖告訴我們 Jane 的想法。

情緒問題：Jane 想要 Elizabeth 帶她去玩盪
　　　　　鞦韆，且她認為 Elizabeth 會帶她去玩
　　　　　盪鞦韆。Jane 感覺怎麼樣？

提示：她會覺得高興／難過？

判斷問題：她為什麼會覺得高興／難過？

結果：Elizabeth 帶 Jane 去玩盪鞦韆。

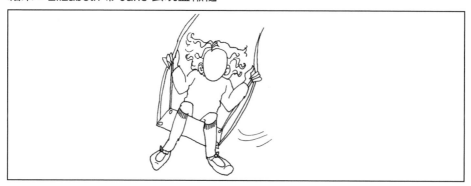

欲望問題：Jane 想要什麼？

提示：看，這張圖告訴我們 Jane 想要什麼。

情緒問題：如果 Elizabeth 帶 Jane 去玩盪鞦韆，Jane 感覺怎麼樣？

提示：她會覺得高興／難過？

判斷問題：她為什麼會覺得高興／難過？

範例 5A

實際情況：Nigel 要去參加慶生會。

這是 Josie。這張圖告訴我們 Josie 想要什麼。

欲望：Josie 想要 Nigel 參加慶生會。

這張圖告訴我們 Josie 的想法。

信念：Josie 認為 Nigel 要參加慶生會。

欲望問題：Josie 想要什麼？

提示：看，這張圖告訴我們 Josie 想要什麼。

信念問題：Josie 的想法是什麼？

提示：看，這張圖告訴我們 Josie 的想法。

情緒問題：Josie 想要 Nigel 參加慶生會，
　　　　　且她認為 Nigel 會參加慶生會。Josie
　　　　　感覺怎麼樣？

提示：她會覺得高興／難過？

判斷問題：她為什麼會覺得高興／難過？

結果：Josie 和 Nigel 一起參加慶生會。

欲望問題：Josie 想要什麼？

提示：看，這張圖告訴我們 Josie 想要什麼。

情緒問題：當 Nigel 參加慶生會時，Josie 感覺怎麼樣？

提示：她會覺得高興／難過？

判斷問題：她為什麼會覺得高興／難過？

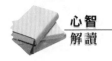

範例 6A

實際情況：Alan 的爸爸買巧克力冰淇淋給他。

這是 Alan。這張圖告訴我們 Alan 想要什麼。

欲望：Alan 想要吃巧克力冰淇淋。

這張圖告訴我們 Alan 的想法。

信念：Alan 認為爸爸有買巧克力冰淇淋給他。

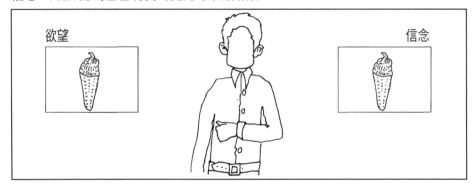

欲望問題：Alan 想要什麼？

提示：看，這張圖告訴我們 Alan 想要什麼。

信念問題：Alan 的想法是什麼？

提示：看，這張圖告訴我們 Alan 的想法。

情緒問題：Alan 想要吃巧克力冰淇淋，且
他認為爸爸有買巧克力冰淇淋給他。
Alan 感覺怎麼樣？

提示：他會覺得高興／難過？

判斷問題：他為什麼會覺得高興／難過？

結果：Alan 的爸爸給他巧克力冰淇淋。

欲望問題：Alan 想要什麼？

提示：看，這張圖告訴我們 Alan 想要什麼。

情緒問題：當 Alan 的爸爸給他巧克力冰淇淋時，Alan 感覺怎麼樣？

提示：他會覺得高興／難過？

判斷問題：他為什麼會覺得高興／難過？

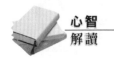

實際情況：睡前，Toby 的爸爸泡了一杯熱牛奶。

這是 Toby。這張圖告訴我們 Toby 想要什麼。

欲望：Toby 想要一杯熱牛奶。

這張圖告訴我們 Toby 的想法。

信念：Toby 認為爸爸泡了熱牛奶給他。

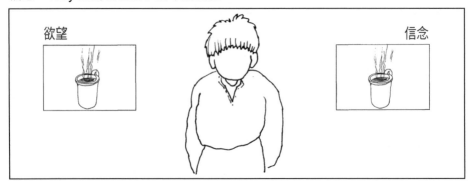

欲望問題：Toby 想要什麼？

提示：看，這張圖告訴我們 Toby 想要什麼。

信念問題：Toby 的想法是什麼？

提示：看，這張圖告訴我們 Toby 的想法。

情緒問題：Toby 想要熱牛奶，且他認為爸爸泡了熱牛奶給他。Toby 感覺怎麼樣？

提示：他會覺得高興／難過？

判斷問題：他為什麼會覺得高興／難過？

結果：睡前，Toby 的爸爸給他一杯熱牛奶。

欲望問題：Toby 想要什麼？

提示：看，這張圖告訴我們 Toby 想要什麼。

情緒問題：當 Toby 的爸爸在睡前給他熱牛奶時，他感覺怎麼樣？

提示：他會覺得高興／難過？

判斷問題：他為什麼會覺得高興／難過？

範例 8A

實際情況：Lucy 買了一袋糖果想要給 George。

這是 George。這張圖告訴我們 George 想要什麼。

欲望：George 想要吃糖果。

這張圖告訴我們 George 的想法。

信念：George 認為 Lucy 有一袋糖果要給他。

欲望問題：George 想要什麼？

提示：看，這張圖告訴我們 George 想要什麼。

信念問題：George 的想法是什麼？

提示：看，這張圖告訴我們 George 的想法。

情緒問題：George 想要吃糖果，且他認為 Lucy 有一袋糖果要給他。George 感覺怎麼樣？

提示：他會覺得高興／難過？

判斷問題：他為什麼會覺得高興／難過？

結果：Lucy 給 George 一袋糖果。

欲望問題：George 想要什麼？

提示：看，這張圖告訴我們 George 想要什麼。

情緒問題：當 Lucy 給 George 一袋糖果時，George 感覺怎麼樣？

提示：他會覺得高興／難過？

判斷問題：他為什麼會覺得高興／難過？

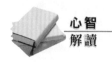
範例 9A

實際情況：Brenda 有一個風箏要給 Jill。

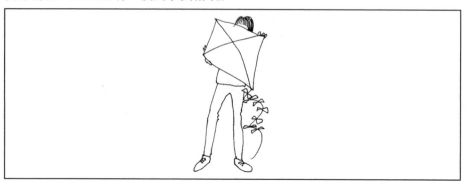

這是 Jill。這張圖告訴我們 Jill 想要什麼。

欲望：Jill 想要去放風箏。

這張圖告訴我們 Jill 的想法。

信念：Jill 認為 Brenda 有一個風箏要給她。

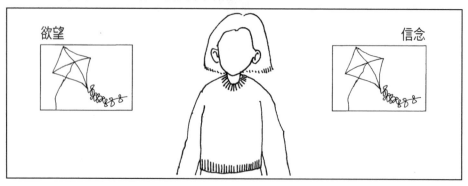

欲望問題：Jill 想要什麼？

提示：看，這張圖告訴我們 Jill 想要什麼。

信念問題：Jill 的想法是什麼？

提示：看，這張圖告訴我們 Jill 的想法。

情緒問題：Jill 想要去放風箏，且她認為
　　　　　Brenda 有一個風箏要給她。Jill 感覺
　　　　　怎麼樣？

提示：她會覺得高興／難過？

判斷問題：她為什麼會覺得高興／難過？

結果：Brenda 給 Jill 一個風箏。

欲望問題：Jill 想要什麼？

提示：看，這張圖告訴我們 Jill 想要什麼。

情緒問題：當 Brenda 給 Jill 一個風箏時，Jill 感覺怎麼樣？

提示：她會覺得高興／難過？

判斷問題：她為什麼會覺得高興／難過？

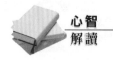

範例 10A

實際情況：Brian 的姊姊要帶他去游泳池。

這是 Brian。這張圖告訴我們 Brian 想要什麼。

欲望：Brian 想要去游泳池。

這張圖告訴我們 Brian 的想法。

信念：Brian 認為他們要去游泳池。

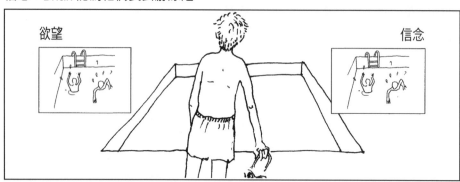

欲望問題：Brian 想要什麼？

提示：看，這張圖告訴我們 Brian 想要什麼。

信念問題：Brian 的想法是什麼？

提示：看，這張圖告訴我們 Brian 的想法。

情緒問題：Brian 想要去游泳池，且他認為他們要去游泳池。Brian 感覺怎麼樣？

提示：他會覺得高興／難過？

判斷問題：他為什麼會覺得高興／難過？

結果：Brian 的姊姊帶他去游泳池。

欲望問題：Brian 想要什麼？

提示：看，這張圖告訴我們 Brian 想要什麼。

情緒問題：當 Brian 的姊姊帶他去游泳池時，他感覺怎麼樣？

提示：他會覺得高興／難過？

判斷問題：他為什麼會覺得高興／難過？

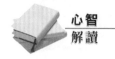

範例 11A

實際情況：Eric 和爸爸要去坐火車。

這是 Eric。這張圖告訴我們 Eric 想要什麼。

欲望：Eric 想要坐火車。

這張圖告訴我們 Eric 的想法。

信念：Eric 認為爸爸會帶他去坐火車。

欲望問題：Eric 想要什麼？

提示：看，這張圖告訴我們 Eric 想要什麼。

信念問題：Eric 的想法是什麼？

提示：看，這張圖告訴我們 Eric 的想法。

情緒問題：Eric 想要坐火車，且他認為爸爸會帶他去坐火車。Eric 感覺怎麼樣？

提示：他會覺得高興／難過？

判斷問題：他為什麼會覺得高興／難過？

結果：Eric 和爸爸一起坐火車。

欲望問題：Eric 想要什麼？

提示：看，這張圖告訴我們 Eric 想要什麼。

情緒問題：當 Eric 和爸爸一起坐火車時，他感覺怎麼樣？

提示：他會覺得高興／難過？

判斷問題：他為什麼會覺得高興／難過？

範例 12A

實際情況：Luke 的爸爸要帶他去玩紙船。

這是 Luke。這張圖告訴我們 Luke 想要什麼。

欲望：Luke 想要玩紙船。

這張圖告訴我們 Luke 的想法。

信念：Luke 認為爸爸要帶他去玩紙船。

欲望問題：Luke 想要什麼？

提示：看，這張圖告訴我們 Luke 想要什麼。

信念問題：Luke 的想法是什麼？

提示：看，這張圖告訴我們 Luke 的想法。

情緒問題：Luke 想要玩紙船，且他認為爸爸要帶他去玩紙船。Luke 感覺怎麼樣？

提示：他會覺得高興／難過？

判斷問題：他為什麼會覺得高興／難過？

結果：Luke 的爸爸說：「我們去玩紙船吧！」

欲望問題：Luke 想要什麼？

提示：看，這張圖告訴我們 Luke 想要什麼。

情緒問題：當 Luke 的爸爸說：「我們去玩紙船吧！」他感覺怎麼樣？

提示：他會覺得高興／難過？

判斷問題：他為什麼會覺得高興／難過？

B 部分：真實信念和未實現的欲望

範例 1B

實際情況：Matthew 的哥哥要給他一架玩具飛機。

這是 Matthew。這張圖告訴我們 Matthew 想要什麼。

欲望：Matthew 想要一輛玩具火車。

這張圖告訴我們 Matthew 的想法。

信念：Matthew 認為哥哥有玩具飛機要給他。

欲望問題：Matthew 想要什麼？

提示：看，這張圖告訴我們 Matthew 想要什麼。

信念問題：Matthew 的想法是什麼？

提示：看，這張圖告訴我們 Matthew 的想法。

情緒問題：Matthew 想要一輛玩具火車，
　　　　　且他認為哥哥有玩具飛機要給他。
　　　　　Matthew 感覺怎麼樣？

提示：他會覺得高興／難過？

判斷問題：他為什麼會覺得高興／難過？

結果：Matthew 的哥哥給他一架玩具飛機。

欲望問題：Matthew 想要什麼？

提示：看，這張圖告訴我們 Matthew 想要什麼。

情緒問題：當 Matthew 的哥哥給他一架玩具飛機時，他感覺怎麼樣？

提示：他會覺得高興／難過？

判斷問題：他為什麼會覺得高興／難過？

範例 2B

實際情況：Tina 的姊姊買一幅美麗花朵的圖畫給她。

這是 Tina。這張圖告訴我們 Tina 想要什麼。

欲望：Tina 想要一幅有貓咪的圖畫。

這張圖告訴我們 Tina 的想法。

信念：Tina 認為姊姊有一幅美麗花朵的圖畫。

欲望問題：Tina 想要什麼？

　提示：看，這張圖告訴我們 Tina 想要什麼。

信念問題：Tina 的想法是什麼？

　提示：看，這張圖告訴我們 Tina 的想法。

情緒問題：Tina 想要有貓咪的圖畫，且她
　　　　　認為姊姊有美麗花朵的圖畫要給她。
　　　　　Tina 感覺怎麼樣？

　提示：她會覺得高興／難過？

判斷問題：她為什麼會覺得高興／難過？

結果：Tina 的姊姊給她一幅美麗花朵的圖畫。

欲望問題：Tina 想要什麼？

提示：看，這張圖告訴我們 Tina 想要什麼。

情緒問題：當 Tina 的姊姊給她美麗花朵的圖畫時，Tina 感覺怎麼樣？

提示：她會覺得高興／難過？

判斷問題：她為什麼會覺得高興／難過？

範例 3B

實際情況：小丑將要在遊樂園表演。

這是 Thomas。這張圖告訴我們 Thomas 想要什麼。

欲望：Thomas 想要看獅子表演。

這張圖告訴我們 Thomas 的想法。

信念：Thomas 認為有小丑在遊樂園表演。

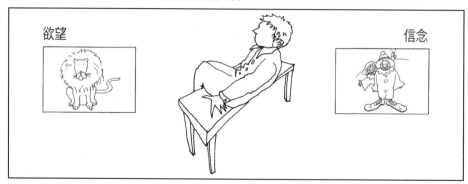

欲望問題：Thomas 想要什麼？

提示：看，這張圖告訴我們 Thomas 想要什麼。

信念問題：Thomas 的想法是什麼？

提示：看，這張圖告訴我們 Thomas 的想法。

情緒問題：Thomas 想要看獅子表演，且他認為有小丑在遊樂園表演。Thomas 感覺怎麼樣？

提示：他會覺得高興／難過？

判斷問題：他為什麼會覺得高興／難過？

結果：Thomas 在遊樂園看小丑表演。

欲望問題：Thomas 想要什麼？

提示：看，這張圖告訴我們 Thomas 想要什麼。

情緒問題：當 Thomas 在遊樂園看小丑表演時，他感覺怎麼樣？

提示：他會覺得高興／難過？

判斷問題：他為什麼會覺得高興／難過？

範例 4B

實際情況：Adam 的爺爺要回去了。

這是 Adam。這張圖告訴我們 Adam 想要什麼。

欲望：Adam 想要爺爺留下來。

這張圖告訴我們 Adam 的想法。

信念：Adam 認為爺爺要回去了。

欲望   信念

欲望問題：Adam 想要什麼？

提示：看，這張圖告訴我們 Adam 想要什麼。

信念問題：Adam 的想法是什麼？

提示：看，這張圖告訴我們 Adam 的想法。

情緒問題：Adam 想要爺爺留下來，且他
認為爺爺要回去了。Adam 感覺怎麼
樣？

提示：他會覺得高興／難過？

判斷問題：他為什麼會覺得高興／難過？

結果：Adam 的爺爺跟他說完再見之後就回去了。

欲望問題：Adam 想要什麼？

提示：看，這張圖告訴我們 Adam 想要什麼。

情緒問題：當 Adam 的爺爺跟他說完再見之後就回去時，Adam 感覺怎麼樣？

提示：他會覺得高興／難過？

判斷問題：他為什麼會覺得高興／難過？

範例 5B

實際情況：鞦韆上的繩索斷掉了。

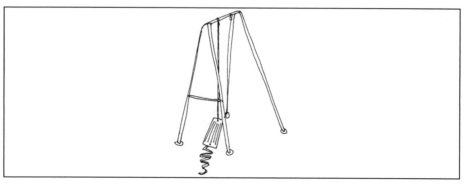

這是 Joanne，這張圖告訴我們 Joanne 想要什麼。

欲望：Joanne 想要玩盪鞦韆。

這張圖告訴我們 Joanne 的想法。

信念：Joanne 認為鞦韆壞掉了。

欲望問題：Joanne 想要什麼？

提示：看，這張圖告訴我們 Joanne 想要什麼。

信念問題：Joanne 的想法是什麼？

提示：看，這張圖告訴我們 Joanne 的想法。

情緒問題：Joanne 想要玩盪鞦韆，且她認為鞦韆壞掉了。Joanne 感覺怎麼樣？

提示：她會覺得高興／難過？

判斷問題：她為什麼會覺得高興／難過？

結果：Joanne 不能玩盪鞦韆，因為鞦韆壞掉了。

欲望問題：Joanne 想要什麼？

提示：看，這張圖告訴我們 Joanne 想要什麼。

情緒問題：當鞦韆壞掉時，Joanne 感覺怎麼樣？

提示：她會覺得高興／難過？

判斷問題：她為什麼會覺得高興／難過？

範例 6B

實際情況：當 Marie 要騎腳踏車時，發現椅墊和手把都掉下來了。

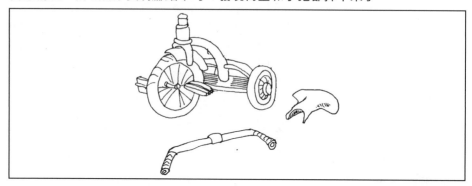

這是 Marie。這張圖告訴我們 Marie 想要什麼。

欲望：Marie 想要騎腳踏車。

這張圖告訴我們 Marie 的想法。

信念：Marie 認為她的腳踏車壞了。

欲望問題：Marie 想要什麼？

提示：看，這張圖告訴我們 Marie 想要什麼。

信念問題：Marie 的想法是什麼？

提示：看，這張圖告訴我們 Marie 的想法。

情緒問題：Marie 想要騎腳踏車，且她認
為腳踏車壞了。Marie 感覺怎麼樣？

提示：她會覺得高興／難過？

判斷問題：她為什麼會覺得高興／難過？

結果：Marie 不能騎腳踏車，因為腳踏車壞掉了。

欲望問題：Marie 想要什麼？

提示：看，這張圖告訴我們 Marie 想要什麼。

情緒問題：當腳踏車壞掉時，Marie 感覺怎麼樣？

提示：她會覺得高興／難過？

判斷問題：她為什麼會覺得高興／難過？

範例 7B

實際情況：下雨了，Pat 的媽媽買給她一把雨傘。

這是 Pat。這張圖告訴我們 Pat 想要什麼。

欲望：Pat 想要一頂雨帽。

這張圖告訴我們 Pat 的想法。

信念：Pat 認為媽媽買給她一把雨傘。

欲望問題：Pat 想要什麼？

提示：看，這張圖告訴我們 Pat 想要什麼。

信念問題：Pat 的想法是什麼？

提示：看，這張圖告訴我們 Pat 的想法。

情緒問題：Pat 想要一頂雨帽，且她認為
媽媽買給她一把雨傘。Pat 感覺怎麼
樣？

提示：她會覺得高興／難過？

判斷問題：她為什麼會覺得高興／難過？

結果：Pat 的媽媽給她一把雨傘以避免淋濕。

欲望問題：Pat 想要什麼？

提示：看，這張圖告訴我們 Pat 想要什麼。

情緒問題：當 Pat 的媽媽給她一把雨傘時，她感覺怎麼樣？

提示：她會覺得高興／難過？

判斷問題：她為什麼會覺得高興／難過？

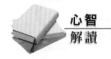

範例 8B

實際情況：Adrian 的媽媽買給他一本有關汽車的書。

這是 Adrian。這張圖告訴我們 Adrian 想要什麼。

欲望：Adrian 想要一本有關火車的書。

這張圖告訴我們 Adrian 的想法。

信念：Adrian 認為媽媽有買一本有關汽車的書。

欲望問題：Adrian 想要什麼？

提示：看，這張圖告訴我們 Adrian 想要什麼。

信念問題：Adrian 的想法是什麼？

提示：看，這張圖告訴我們 Adrian 的想法。

情緒問題：Adrian 想要一本有關火車的書，且他認為媽媽有買一本有關汽車的書。Adrian 感覺怎麼樣？

提示：他會覺得高興／難過？

判斷問題：他為什麼會覺得高興／難過？

結果：Adrian 的媽媽給他一本有關汽車的書。

欲望問題：Adrian 想要什麼？

提示：看，這張圖告訴我們 Adrian 想要什麼。

情緒問題：當 Adrian 的媽媽給他一本有關汽車的書時，他感覺怎麼樣？

提示：他會覺得高興／難過？

判斷問題：他為什麼會覺得高興／難過？

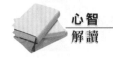

範例 9B

實際情況：Claire 的媽媽正要帶她去看小豬。

這是 Claire。這張圖告訴我們 Claire 想要什麼。

欲望：Claire 想要看小綿羊。

這張圖告訴我們 Claire 的想法。

信念：Claire 認為她們要去看小豬。

欲望問題：Claire 想要什麼？

提示：看，這張圖告訴我們 Claire 想要什麼。

信念問題：Claire 的想法是什麼？

提示：看，這張圖告訴我們 Claire 的想法。

情緒問題：Claire 想要看小綿羊，且她認為她們要去看小豬。Claire 感覺怎麼樣？

提示：她會覺得高興／難過？

判斷問題：她為什麼會覺得高興／難過？

結果：Claire 在農場看到了小豬。

欲望問題：Claire 想要什麼？

提示：看，這張圖告訴我們 Claire 想要什麼。

情緒問題：當 Claire 在農場看到小豬時，她感覺怎麼樣？

提示：她會覺得高興／難過？

判斷問題：她為什麼會覺得高興／難過？

範例 10B

實際情況：午餐時間，Tracy 的媽媽要給她一顆蘋果。

這是 Tracy。這張圖告訴我們 Tracy 想要什麼。

欲望：Tracy 想要吃香蕉。

這張圖告訴我們 Tracy 的想法。

信念：Tracy 認為媽媽要給她一顆蘋果。

欲望問題：Tracy 想要什麼？

提示：看，這張圖告訴我們 Tracy 想要什麼。

信念問題：Tracy 的想法是什麼？

提示：看，這張圖告訴我們 Tracy 的想法。

情緒問題：Tracy 想要吃香蕉，且她認為媽媽要給她一顆蘋果。Tracy 感覺怎麼樣？

提示：她會覺得高興／難過？

判斷問題：她為什麼會覺得高興／難過？

結果：午餐時間，Tracy 的媽媽給她一顆蘋果。

欲望問題：Tracy 想要什麼？

提示：看，這張圖告訴我們 Tracy 想要什麼。

情緒問題：當 Tracy 的媽媽給她一顆蘋果時，她感覺怎麼樣？

提示：她會覺得高興／難過？

判斷問題：她為什麼會覺得高興／難過？

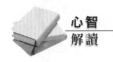

範例 11B

實際情況：Jean 的媽媽要帶她去騎馬。

這是 Jean。這張圖告訴我們 Jean 想要什麼。

欲望：Jean 想要去跳舞。

這張圖告訴我們 Jean 的想法。

信念：Jean 認為媽媽要帶她去騎馬。

欲望問題：Jean 想要什麼？

提示：看，這張圖告訴我們 Jean 想要什麼。

信念問題：Jean 的想法是什麼？

提示：看，這張圖告訴我們 Jean 的想法。

情緒問題：Jean 想要去跳舞，且她認為媽媽要帶她去騎馬。Jean 感覺怎麼樣？

提示：她會覺得高興／難過？

判斷問題：她為什麼會覺得高興／難過？

結果：Jean 的媽媽帶她去騎馬。

欲望問題：Jean 想要什麼？

提示：看，這張圖告訴我們 Jean 想要什麼。

情緒問題：當 Jean 的媽媽帶她去騎馬時，她感覺怎麼樣？

提示：她會覺得高興／難過？

判斷問題：她為什麼會覺得高興／難過？

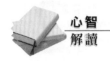

範例 12B

實際情況：Billy 在玩旋轉木馬。

這是 Billy。這張圖告訴我們 Billy 想要什麼。

欲望：Billy 想要玩雲霄飛車。

這張圖告訴我們 Billy 的想法。

信念：Billy 認為旋轉木馬不會停下來。

欲望問題：Billy 想要什麼？

提示：看，這張圖告訴我們 Billy 想要什麼。

信念問題：Billy 的想法是什麼？

提示：看，這張圖告訴我們 Billy 的想法。

情緒問題：Billy 想要玩雲霄飛車，且他認為旋轉木馬不會停下來。Billy 感覺怎麼樣？

提示：他會覺得高興／難過？

判斷問題：他為什麼會覺得高興／難過？

結果：Billy 繼續玩旋轉木馬。

欲望問題：Billy 想要什麼？

提示：看，這張圖告訴我們 Billy 想要什麼。

情緒問題：當旋轉木馬繼續轉動時，Billy 感覺怎麼樣？

提示：他會覺得高興／難過？

判斷問題：他為什麼會覺得高興／難過？

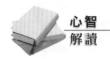

C 部分：錯誤信念和已實現的欲望

範例 1C

實際情況：Jennifer 的爸爸給她蛋糕當點心。

這是 Jennifer。這張圖告訴我們 Jennifer 想要什麼。

欲望：Jennifer 想要蛋糕當點心。

這張圖告訴我們 Jennifer 的想法。

信念：Jennifer 不知道有蛋糕。她認為有果凍當點心。

欲望問題：Jennifer 想要什麼？

提示：看，這張圖告訴我們 Jennifer 想要什麼。

信念問題：Jennifer 的想法是什麼？

提示：看，這張圖告訴我們 Jennifer 的想法。

情緒問題：Jennifer 想要蛋糕，且她認為
　　　　有果凍當點心。Jennifer 感覺怎麼樣？

提示：她會覺得高興／難過？

判斷問題：她為什麼會覺得高興／難過？

結果：Jennifer 的爸爸給她蛋糕當點心。

欲望問題：Jennifer 想要什麼？

提示：看，這張圖告訴我們 Jennifer 想要什麼。

情緒問題：當 Jennifer 的爸爸給她蛋糕當點心時，她感覺怎麼樣？

提示：她會覺得高興／難過？

判斷問題：她為什麼會覺得高興／難過？

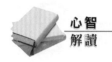

範例 2C

實際情況：Alan 的爸爸買巧克力冰淇淋給他。

這是 Alan。這張圖告訴我們 Alan 想要什麼。

欲望：Alan 想要吃巧克力冰淇淋。

這張圖告訴我們 Alan 的想法。

信念：Alan 不知道有巧克力冰淇淋。他認為爸爸買了草莓冰淇淋。

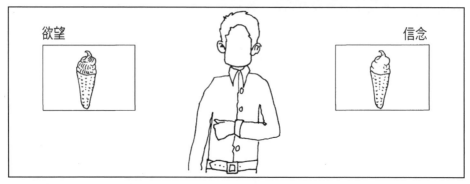

欲望問題：Alan 想要什麼？

提示：看，這張圖告訴我們 Alan 想要什麼。

信念問題：Alan 的想法是什麼？

提示：看，這張圖告訴我們 Alan 的想法。

情緒問題：Alan 想要吃巧克力冰淇淋，且他認為爸爸買了草莓冰淇淋。Alan 感覺怎麼樣？

提示：他會覺得高興／難過？

判斷問題：他為什麼會覺得高興／難過？

結果：Alan 的爸爸給他巧克力冰淇淋。

欲望問題：Alan 想要什麼？

提示：看，這張圖告訴我們 Alan 想要什麼。

情緒問題：當 Alan 的爸爸給 Alan 巧克力冰淇淋時，他感覺怎麼樣？

提示：他會覺得高興／難過？

判斷問題：他為什麼會覺得高興／難過？

範例 3C

實際情況：Tina 的姊姊買一幅美麗花朵的圖畫給她。

這是 Tina。這張圖告訴我們 Tina 想要什麼。

欲望：Tina 想要一幅美麗花朵的圖畫。

這張圖告訴我們 Tina 的想法。

信念：Tina 不知道有美麗花朵的圖畫。她認為姊姊有一幅有貓咪的圖畫。

欲望問題：Tina 想要什麼？

提示：看，這張圖告訴我們 Tina 想要什麼。

信念問題：Tina 的想法是什麼？

提示：看，這張圖告訴我們 Tina 的想法。

情緒問題：Tina 想要一幅美麗花朵的圖
畫，且她認為姊姊有一幅有貓咪的圖
畫。Tina 感覺怎麼樣？

提示：她會覺得高興／難過？

判斷問題：她為什麼會覺得高興／難過？

結果：Tina 的姊姊給她一幅美麗花朵的圖畫。

欲望問題：Tina 想要什麼？

提示：看，這張圖告訴我們 Tina 想要什麼。

情緒問題：當 Tina 的姊姊給她一幅美麗花朵的圖畫時，她感覺怎麼樣？

提示：她會覺得高興／難過？

判斷問題：她為什麼會覺得高興／難過？

範例 4C

實際情況：Lucy 買了一袋糖果想要給 George。

這是 George。這張圖告訴我們 George 想要什麼。

欲望：George 想要吃糖果。

這張圖告訴我們 George 的想法。

信念：George 不知道有糖果。他認為 Lucy 買了洋芋片要給他。

欲望問題：George 想要什麼？

提示：看，這張圖告訴我們 George 想要什麼。

信念問題：George 的想法是什麼？

提示：看，這張圖告訴我們 George 的想法。

情緒問題：George 想要吃糖果，且他認為
　　　　Lucy 買了洋芋片要給他。George 感
　　　　覺怎麼樣？

提示：他會覺得高興／難過？

判斷問題：他為什麼會覺得高興／難過？

結果：Lucy 給 George 一袋糖果。

欲望問題：George 想要什麼？

提示：看，這張圖告訴我們 George 想要什麼。

情緒問題：當 Lucy 給 George 一袋糖果時，George 感覺怎麼樣？

提示：他會覺得高興／難過？

判斷問題：他為什麼會覺得高興／難過？

範例 5C

實際情況：Adrian 的媽媽買給他一本有關汽車的書。

這是 Adrian。這張圖告訴我們 Adrian 想要什麼。

欲望：Adrian 想要一本有關汽車的書。

這張圖告訴我們 Adrian 的想法。

信念：Adrian 不知道有汽車的書。他認為媽媽買給他有關火車的書。

欲望問題：Adrian 想要什麼？

提示：看，這張圖告訴我們 Adrian 想要什麼。

信念問題：Adrian 的想法是什麼？

提示：看，這張圖告訴我們 Adrian 的想法。

情緒問題：Adrian 想要一本有關汽車的
　　　　　書，且他認為媽媽買給他有關火車的
　　　　　書。Adrian 感覺怎麼樣？

提示：他會覺得高興／難過？

判斷問題：他為什麼會覺得高興／難過？

結果：Adrian 的媽媽給他一本有關汽車的書。

欲望問題：Adrian 想要什麼？

提示：看，這張圖告訴我們 Adrian 想要什麼。

情緒問題：當 Adrian 的媽媽給他一本有關汽車的書時，他感覺怎麼樣？

提示：他會覺得高興／難過？

判斷問題：他為什麼會覺得高興／難過？

範例 6C

實際情況：Eric 和爸爸要去坐火車。

這是 Eric。這張圖告訴我們 Eric 想要什麼。

欲望：Eric 想要坐火車。

這張圖告訴我們 Eric 的想法。

信念：Eric 不知道爸爸要帶他去坐火車。他認為他們要搭汽車。

欲望問題：Eric 想要什麼？

提示：看，這張圖告訴我們 Eric 想要什麼。

信念問題：Eric 的想法是什麼？

提示：看，這張圖告訴我們 Eric 的想法。

情緒問題：Eric 想要坐火車，且他認為他們要搭汽車。Eric 感覺怎麼樣？

提示：他會覺得高興／難過？

判斷問題：他為什麼會覺得高興／難過？

結果：Eric 和爸爸一起坐火車。

欲望問題：Eric 想要什麼？

提示：看，這張圖告訴我們 Eric 想要什麼。

情緒問題：當 Eric 和爸爸去坐火車時，他感覺怎麼樣？

提示：他會覺得高興／難過？

判斷問題：他為什麼會覺得高興／難過？

範例 7C

實際情況：Claire 的媽媽正要帶她去看小豬。

這是 Claire。這張圖告訴我們 Claire 想要什麼。

欲望：Claire 想要看小豬。

這張圖告訴我們 Claire 的想法。

信念：Claire 不知道有小豬。她認為她們要去看小綿羊。

欲望問題：Claire 想要什麼？

提示：看，這張圖告訴我們 Claire 想要什麼。

信念問題：Claire 的想法是什麼？

提示：看，這張圖告訴我們 Claire 的想法。

情緒問題：Claire 想要看小豬，且她認為
她們要去看小綿羊。Claire 感覺怎麼
樣？

提示：她會覺得高興／難過？

判斷問題：她為什麼會覺得高興／難過？

結果：Claire 在農場看到了小豬。

欲望問題：Claire 想要什麼？

提示：看，這張圖告訴我們 Claire 想要什麼。

情緒問題：當 Claire 在農場看到小豬時，她感覺怎麼樣？

提示：她會覺得高興／難過？

判斷問題：她為什麼會覺得高興／難過？

範例 8C

實際情況：Nigel 要去參加慶生會。

這是 Josie。這張圖告訴我們 Josie 想要什麼。

欲望：Josie 想要 Nigel 參加慶生會。

這張圖告訴我們 Josie 的想法。

信念：Josie 不知道 Nigel 要參加慶生會。她認為 Nigel 要待在家裡。

欲望問題：Josie 想要什麼？

提示：看，這張圖告訴我們 Josie 想要什麼。

信念問題：Josie 的想法是什麼？

提示：看，這張圖告訴我們 Josie 的想法。

情緒問題：Josie 想要 Nigel 參加慶生會，且她認為 Nigel 要待在家裡。Josie 感覺怎麼樣？

提示：她會覺得高興／難過？

判斷問題：她為什麼會覺得高興／難過？

結果：Josie 和 Nigel 一起參加慶生會。

欲望問題：Josie 想要什麼？

提示：看，這張圖告訴我們 Josie 想要什麼。

情緒問題：當 Nigel 參加慶生會時，Josie 感覺怎麼樣？

提示：她會覺得高興／難過？

判斷問題：她為什麼會覺得高興／難過？

範例 9C

實際情況：Sam 的媽媽買了一盒水彩給他。

這是 Sam。這張圖告訴我們 Sam 想要什麼。

欲望：Sam 想要一盒水彩。

這張圖告訴我們 Sam 的想法。

信念：Sam 不知道有一盒水彩。他認為媽媽買了玩具車要給他。

欲望問題：Sam 想要什麼？

提示：看，這張圖告訴我們 Sam 想要什麼。

信念問題：Sam 的想法是什麼？

提示：看，這張圖告訴我們 Sam 的想法。

情緒問題：Sam 想要一盒水彩，且他認為媽媽買了玩具車要給他。Sam 感覺怎麼樣？

提示：他會覺得高興／難過？

判斷問題：他為什麼會覺得高興／難過？

結果：Sam 的媽媽給他一盒水彩。

欲望問題：Sam 想要什麼？

提示：看，這張圖告訴我們 Sam 想要什麼。

情緒問題：當 Sam 的媽媽給他一盒水彩時，他感覺怎麼樣？

提示：他會覺得高興／難過？

判斷問題：他為什麼會覺得高興／難過？

範例 10C

實際情況：睡前，Toby 的爸爸泡了一杯熱牛奶。

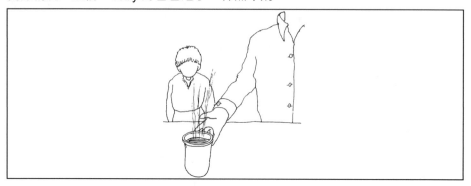

這是 Toby。這張圖告訴我們 Toby 想要什麼。

欲望：Toby 想要一杯熱牛奶。

這張圖告訴我們 Toby 的想法。

信念：Toby 不知道爸爸泡了一杯熱牛奶。他認為爸爸要給他一杯柳橙汁。

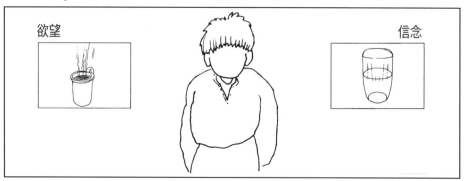

欲望問題：Toby 想要什麼？

提示：看，這張圖告訴我們 Toby 想要什麼。

信念問題：Toby 的想法是什麼？

提示：看，這張圖告訴我們 Toby 的想法。

情緒問題：Toby 想要熱牛奶，且他認為爸爸要給他一杯柳橙汁。Toby 感覺怎麼樣？

提示：他會覺得高興／難過？

判斷問題：他為什麼會覺得高興／難過？

結果：Toby 的爸爸給他一杯熱牛奶。

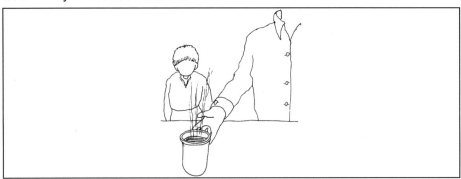

欲望問題：Toby 想要什麼？

提示：看，這張圖告訴我們 Toby 想要什麼。

情緒問題：當 Toby 的爸爸給他熱牛奶時，他感覺怎麼樣？

提示：他會覺得高興／難過？

判斷問題：他為什麼會覺得高興／難過？

範例 11C

實際情況：午餐時間，Tracy 的媽媽要給她一顆蘋果。

這是 Tracy。這張圖告訴我們 Tracy 想要什麼。

欲望：Tracy 想要一顆蘋果。

這張圖告訴我們 Tracy 的想法。

信念：Tracy 不知道有蘋果。她認為媽媽要給她香蕉。

欲望問題：Tracy 想要什麼？

提示：看，這張圖告訴我們 Tracy 想要什麼。

信念問題：Tracy 的想法是什麼？

提示：看，這張圖告訴我們 Tracy 的想法。

情緒問題：Tracy 想要一顆蘋果，且她認為媽媽要給她香蕉。Tracy 感覺怎麼樣？

提示：她會覺得高興／難過？

判斷問題：她為什麼會覺得高興／難過？

結果：午餐時間，Tracy 的媽媽給她一顆蘋果。

欲望問題：Tracy 想要什麼？

提示：看，這張圖告訴我們 Tracy 想要什麼。

情緒問題：當 Tracy 的媽媽給她一顆蘋果時，她感覺怎麼樣？

提示：她會覺得高興／難過？

判斷問題：她為什麼會覺得高興／難過？

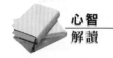

範例 12C

實際情況：Jean 的媽媽要帶她去騎馬。

這是 Jean。這張圖告訴我們 Jean 想要什麼。

欲望：Jean 想要騎馬。

這張圖告訴我們 Jean 的想法。

信念：Jean 不知道媽媽要帶她去騎馬。她認為她們要去跳舞。

欲望問題：Jean 想要什麼？

提示：看，這張圖告訴我們 Jean 想要什麼。

信念問題：Jean 的想法是什麼？

提示：看，這張圖告訴我們 Jean 的想法。

情緒問題：Jean 想要騎馬，且她認為她們
　　　要去跳舞。Jean 感覺怎麼樣？

提示：她會覺得高興／難過？

判斷問題：她為什麼會覺得高興／難過？

結果：Jean 的媽媽帶她去騎馬。

欲望問題：Jean 想要什麼？

提示：看，這張圖告訴我們 Jean 想要什麼。

情緒問題：當 Jean 的媽媽帶她去騎馬時，她感覺怎麼樣？

提示：她會覺得高興／難過？

判斷問題：她為什麼會覺得高興／難過？

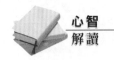

D 部分：錯誤信念和未實現的欲望

範例 1D

實際情況：Betty 的奶奶買一隻小熊玩偶給她當作生日禮物。

這是 Betty。這張圖告訴我們 Betty 想要什麼。

欲望：Betty 想要洋娃娃。

這張圖告訴我們 Betty 的想法。

信念：Betty 不知道有小熊玩偶。她認為奶奶有買一個洋娃娃給她。

欲望問題：Betty 想要什麼？

提示：看，這張圖告訴我們 Betty 想要什麼。

信念問題：Betty 的想法是什麼？

提示：看，這張圖告訴我們 Betty 的想法。

情緒問題：Betty 想要洋娃娃，且她認為奶
奶有買一個洋娃娃。Betty 感覺怎麼樣？

提示：她會覺得高興／難過？

判斷問題：她為什麼會覺得高興／難過？

結果：Betty 的奶奶買一隻小熊玩偶給她當作生日禮物。

欲望問題：Betty 想要什麼？

提示：看，這張圖告訴我們 Betty 想要什麼。

情緒問題：當 Betty 的奶奶送她一隻小熊玩偶時，她感覺怎麼樣？

提示：她會覺得高興／難過？

判斷問題：她為什麼會覺得高興／難過？

範例 2D

實際情況：Matthew 的哥哥給他一架玩具飛機。

這是 Matthew。這張圖告訴我們 Matthew 想要什麼。

欲望：Matthew 想要一輛玩具火車。

這張圖告訴我們 Matthew 的想法。

信念：Matthew 不知道有玩具飛機。他認為哥哥買了一輛玩具火車要給他。

欲望問題：Matthew 想要什麼？

提示：看，這張圖告訴我們 Matthew 想要什麼。

信念問題：Matthew 的想法是什麼？

提示：看，這張圖告訴我們 Matthew 的想法。

情緒問題：Matthew 想要一輛玩具火車，
　　　　　且他認為哥哥買了玩具火車。Matthew
　　　　　感覺怎麼樣？

提示：他會覺得高興／難過？

判斷問題：他為什麼會覺得高興／難過？

結果：Matthew 的哥哥給他一架玩具飛機。

欲望問題：Matthew 想要什麼？

提示：看，這張圖告訴我們 Matthew 想要什麼。

情緒問題：當 Matthew 的哥哥買給他一架玩具飛機時，他感覺怎麼樣？

提示：他會覺得高興／難過？

判斷問題：他為什麼會覺得高興／難過？

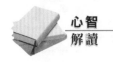

範例 3D

實際情況：睡前，Toby 的爸爸泡了一杯熱牛奶給他。

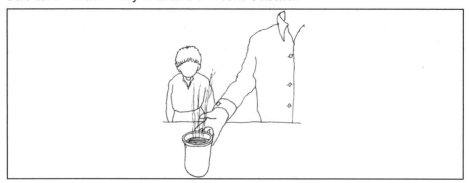

這是 Toby。這張圖告訴我們 Toby 想要什麼。

欲望：Toby 想要一杯柳橙汁。

這張圖告訴我們 Toby 的想法。

信念：Toby 不知道有熱牛奶。他認為爸爸要給他一杯柳橙汁。

欲望問題：Toby 想要什麼？

提示：看，這張圖告訴我們 Toby 想要什麼。

信念問題：Toby 的想法是什麼？

提示：看，這張圖告訴我們 Toby 的想法。

情緒問題：Toby 想要一杯柳橙汁，且他認為爸爸要給他一杯柳橙汁。Toby 感覺怎麼樣？

提示：他會覺得高興／難過？

判斷問題：他為什麼會覺得高興／難過？

結果：Toby 的爸爸給他一杯熱牛奶。

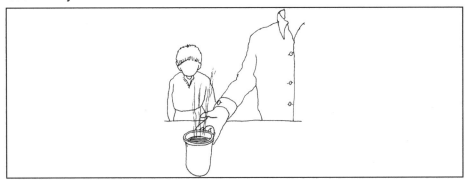

欲望問題：Toby 想要什麼？

提示：看，這張圖告訴我們 Toby 想要什麼。

情緒問題：當 Toby 的爸爸給他熱牛奶時，他感覺怎麼樣？

提示：他會覺得高興／難過？

判斷問題：他為什麼會覺得高興／難過？

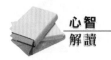

範例 4D

實際情況：下雨了，Pat 的媽媽買給她一把雨傘。

這是 Pat。這張圖告訴我們 Pat 想要什麼。

欲望：Pat 想要一頂雨帽。

這張圖告訴我們 Pat 的想法。

信念：Pat 不知道有雨傘。她認為媽媽買給她一頂雨帽。

欲望問題：Pat 想要什麼？

提示：看，這張圖告訴我們 Pat 想要什麼。

信念問題：Pat 的想法是什麼？

提示：看，這張圖告訴我們 Pat 的想法。

情緒問題：Pat 想要一頂雨帽，且她認為媽媽買給她一頂雨帽。Pat 感覺怎麼樣？

提示：她會覺得高興／難過？

判斷問題：她為什麼會覺得高興／難過？

結果：Pat 的媽媽給她一把雨傘。

欲望問題：Pat 想要什麼？

提示：看，這張圖告訴我們 Pat 想要什麼。

情緒問題：當 Pat 的媽媽給她一把雨傘時，她感覺怎麼樣？

提示：她會覺得高興／難過？

判斷問題：她為什麼會覺得高興／難過？

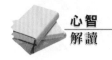

範例 5D

實際情況：午餐時間，Tracy 的媽媽要給她一顆蘋果。

這是 Tracy，這張圖告訴我們 Tracy 想要什麼。

欲望：Tracy 想要吃香蕉。

這張圖告訴我們 Tracy 的想法。

信念：Tracy 不知道有蘋果，她認為媽媽要給她香蕉。

欲望   信念

欲望問題：Tracy 想要什麼？

提示：看，這張圖告訴我們 Tracy 想要什麼。

信念問題：Tracy 的想法是什麼？

提示：看，這張圖告訴我們 Tracy 的想法。

情緒問題：Tracy 想要吃香蕉，且她認為
　　　　　媽媽要給她香蕉。Tracy 感覺怎麼樣？

提示：她會覺得高興／難過？

判斷問題：她為什麼會覺得高興／難過？

結果：午餐時間，Tracy 的媽媽給她一顆蘋果。

欲望問題：Tracy 想要什麼？

提示：看，這張圖告訴我們 Tracy 想要什麼。

情緒問題：當 Tracy 的媽媽給她一顆蘋果時，她感覺怎麼樣？

提示：她會覺得高興／難過？

判斷問題：她為什麼會覺得高興／難過？

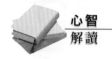

範例 6D

實際情況：Brian 的姊姊要帶他去游泳池。

這是 Brian。這張圖告訴我們 Brian 想要什麼。

欲望：Brian 想要去海邊。

這張圖告訴我們 Brian 的想法。

信念：Brian 不知道姊姊要帶他去游泳池。他認為他們要去海邊。

欲望問題：Brian 想要什麼？

提示：看，這張圖告訴我們 Brian 想要什麼。

信念問題：Brian 的想法是什麼？

提示：看，這張圖告訴我們 Brian 的想法。

情緒問題：Brian 想要去海邊，且他認為
他們要去海邊。Brian 感覺怎麼樣？

提示：他會覺得高興／難過？

判斷問題：他為什麼會覺得高興／難過？

結果：Brian 的姊姊帶他去游泳池。

欲望問題：Brian 想要什麼？

提示：看，這張圖告訴我們 Brian 想要什麼。

情緒問題：當 Brian 的姊姊帶他去游泳池時，他感覺怎麼樣？

提示：他會覺得高興／難過？

判斷問題：他為什麼會覺得高興／難過？

範例 7D

實際情況：Jean 的媽媽要帶她去騎馬。

這是 Jean。這張圖片告訴我們 Jean 想要什麼。

欲望：Jean 想要去跳舞。

這張圖告訴我們 Jean 的想法。

信念：Jean 不知道媽媽要帶她去騎馬。她認為她們要去跳舞。

欲望問題：Jean 想要什麼？

提示：看，這張圖告訴我們 Jean 想要什麼。

信念問題：Jean 的想法是什麼？

提示：看，這張圖告訴我們 Jean 的想法。

情緒問題：Jean 想要去跳舞，且她認為她
　　　　　們要去跳舞。Jean 感覺怎麼樣？

提示：她會覺得高興／難過？

判斷問題：她為什麼會覺得高興／難過？

結果：Jean 的媽媽帶她去騎馬。

欲望問題：Jean 想要什麼？

提示：看，這張圖告訴我們 Jean 想要什麼。

情緒問題：當 Jean 的媽媽帶她去騎馬時，她感覺怎麼樣？

提示：她會覺得高興／難過？

判斷問題：她為什麼會覺得高興／難過？

範例 8D

實際情況：小丑將要在遊樂園表演。

這是 Thomas。這張圖片告訴我們 Thomas 想要什麼。

欲望：Thomas 想要看獅子表演。

這張圖告訴我們 Thomas 的想法。

信念：Thomas 不知道有小丑要表演。他認為有獅子在遊樂園表演。

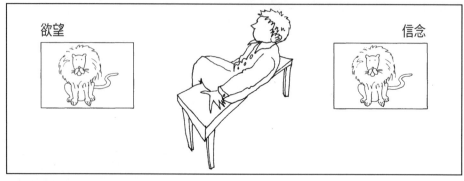

欲望問題：Thomas 想要什麼？

提示：看，這張圖告訴我們 Thomas 想要什麼。

信念問題：Thomas 的想法是什麼？

提示：看，這張圖告訴我們 Thomas 的想法。

情緒問題：Thomas 想要看獅子表演，且他認為有獅子在遊樂園表演。Thomas 感覺怎麼樣？

提示：他會覺得高興／難過？

判斷問題：他為什麼會覺得高興／難過？

結果：Thomas 在遊樂園看小丑表演。

欲望問題：Thomas 想要什麼？

提示：看，這張圖告訴我們 Thomas 想要什麼。

情緒問題：當 Thomas 在遊樂園看小丑表演時，他感覺怎麼樣？

提示：他會覺得高興／難過？

判斷問題：他為什麼會覺得高興／難過？

範例 9D

實際情況：鞦韆上的繩索斷掉了。

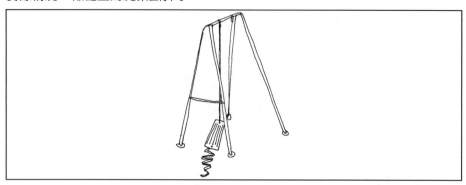

這是 Joanne。這張圖告訴我們 Joanne 想要什麼。

欲望：Joanne 想要玩盪鞦韆。

這張圖告訴我們 Joanne 的想法。

信念：Joanne 不知道鞦韆壞掉了。她認為爸爸已經把鞦韆修理好了。

欲望問題：Joanne 想要什麼？

提示：看，這張圖告訴我們 Joanne 想要什麼。

信念問題：Joanne 的想法是什麼？

提示：看，這張圖告訴我們 Joanne 的想法。

情緒問題：Joanne 想要玩盪鞦韆，且她認為爸爸已經把鞦韆修理好了。Joanne 感覺怎麼樣？

提示：她會覺得高興／難過？

判斷問題：她為什麼會覺得高興／難過？

結果：Joanne 不能玩盪鞦韆，因為鞦韆壞掉了。

欲望問題：Joanne 想要什麼？

提示：看，這張圖告訴我們 Joanne 想要什麼。

情緒問題：當 Joanne 不能玩盪鞦韆時，她感覺怎麼樣？

提示：她會覺得高興／難過？

判斷問題：她為什麼會覺得高興／難過？

範例 10D

實際情況：當 Marie 要騎腳踏車時，發現椅墊和手把都掉下來了。

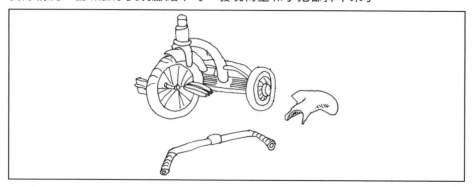

這是 Marie。這張圖告訴我們 Marie 想要什麼。

欲望：Marie 想要騎腳踏車。

這張圖告訴我們 Marie 的想法。

信念：Marie 不知道腳踏車壞了。她認為爸爸已經把腳踏車修理好了。

欲望問題：Marie 想要什麼？

提示：看，這張圖告訴我們 Marie 想要什麼。

信念問題：Marie 的想法是什麼？

提示：看，這張圖告訴我們 Marie 的想法。

情緒問題：Marie 想要騎腳踏車，且她認
為爸爸已經把腳踏車修理好了。Marie
感覺怎麼樣？

提示：她會覺得高興／難過？

判斷問題：她為什麼會覺得高興／難過？

結果：Marie 不能騎腳踏車。腳踏車壞掉了。

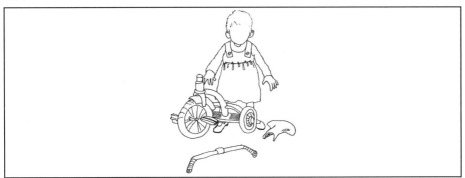

欲望問題：Marie 想要什麼？

提示：看，這張圖告訴我們 Marie 想要什麼。

情緒問題：當 Marie 不能騎腳踏車時，她感覺怎麼樣？

提示：她會覺得高興／難過？

判斷問題：她為什麼會覺得高興／難過？

範例 11D

實際情況：Adam 的爺爺要回去了。

這是 Adam。這張圖告訴我們 Adam 想要什麼。

欲望：Adam 想要爺爺留下來。

這張圖告訴我們 Adam 的想法。

信念：Adam 不知道爺爺要回去了。他認為爺爺要留下來。

欲望問題：Adam 想要什麼？

提示：看，這張圖告訴我們 Adam 想要什麼。

信念問題：Adam 的想法是什麼？

提示：看，這張圖告訴我們 Adam 的想法。

情緒問題：Adam 想要爺爺留下來，且他認為爺爺會留下來。Adam 感覺怎麼樣？

提示：他會覺得高興／難過？

判斷問題：他為什麼會覺得高興／難過？

結果：Adam 的爺爺跟他說完再見之後就回去了。

欲望問題：Adam 想要什麼？

提示：看，這張圖告訴我們 Adam 想要什麼。

情緒問題：當 Adam 的爺爺回去時，Adam 感覺怎麼樣？

提示：他會覺得高興／難過？

判斷問題：他為什麼會覺得高興／難過？

範例 12D

實際情況：Kim 的爸爸必須出門旅行。

這是 Kim。這張圖告訴我們 Kim 想要什麼。

欲望：Kim 想要跟爸爸一起去旅行。

這張圖告訴我們 Kim 的想法。

信念：Kim 不知道爸爸已經離開了。她認為她可以跟他一起去旅行。

欲望問題：Kim 想要什麼？

提示：看，這張圖告訴我們 Kim 想要什麼。

信念問題：Kim 的想法是什麼？

提示：看，這張圖告訴我們 Kim 的想法。

情緒問題：Kim 想要跟爸爸一起去旅行，
且她認為她可以跟爸爸一起去旅行。
Kim 感覺怎麼樣？

提示：她會覺得高興／難過？

判斷問題：她為什麼會覺得高興／難過？

結果：Kim 的爸爸出門旅行了。

欲望問題：Kim 想要什麼？

提示：看，這張圖告訴我們 Kim 想要什麼。

情緒問題：當 Kim 的爸爸離開時，她感覺怎麼樣？

提示：她會覺得高興／難過？

判斷問題：她為什麼會覺得高興／難過？

PART 3 教導訊息狀態

本篇我們將說明「訊息狀態」的教學方法。「訊息狀態」包含知覺、知識和信念。

❖ 訊息狀態理解的五個階段

階段一：簡單的視覺觀點取替（simple visual perspective taking）

這是一種站在他人的觀點去理解不同人看到不同事物的能力。孩童在這個階段可以站在教師的觀點去判斷教師看到或看不到的事物。

階段二：複雜的視覺觀點取替（complex visual perspective taking）

孩童在這階段不僅要去理解他人所看到的，也要能顯現出他人所看到的事物。這個階段要求孩童判斷兩個問題，第一個問題是「他人看到了什麼」；第二個問題則是「如何將事物呈現在他人面前」。

階段三：理解「看到導致知道」的原則（understanding the principle that "seeing leads to knowing"）

這是一種理解他人只能知道自己（直接或間接）經歷過之事件的能力。在此教學程序中，教師透過只評估**看到**和**知道**之間的關聯，來簡化這個階段的教學，當然亦可進一步銜接**聽到**與**知道**或**感覺到**與**知道**間的關係。

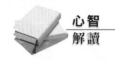

階段四：依個人知識基礎來預測他人的行動（predicting actions on the basis of a person's knowledge）

在這階段要教導孩童理解真實信念，孩童必須依據他人的信念來預測他人的行動。

階段五：理解錯誤信念（understanding false beliefs）

這個階段教師要評估孩童理解錯誤信念的能力，等同於是評估孩童心智推理的能力。孩童必須依據他人的錯誤信念，來預測他人的行動。

階段一　簡單的視覺觀點取替

這是一種站在他人的觀點去理解不同人看到不同事物的能力。孩童在這個階段可以站在教師的觀點去判斷教師看到或看不到的事物。

教材及評量步驟

本階段教師製作多樣的雙面圖卡（一張圖卡的兩面各有不同圖畫），例如：

1. 筆／鑰匙（一張圖卡中的一面為筆，另一面為鑰匙）。
2. 狗／樹（一張圖卡中的一面為狗，另一面為樹）。
3. 電話／花（一張圖卡中的一面為電話，另一面為花）。
4. 汽車／蛇（一張圖卡中的一面為汽車，另一面為蛇）（見圖3.1）。

建立基線

教師拿起一張自製的雙面圖卡，置於自己和孩童之間，教師和孩童分別看到圖卡的不同面。然後教師詢問孩童：

- 自我覺察性問題（self-perception）：「你能看到什麼？」
- 他人覺察性問題（other-perception）：「我能看到什麼？」

　　所謂「自我覺察性問題」就是指孩童要能正確說出他面前圖片的內容；至於「他人覺察性問題」就是孩童要能正確說出教師面前圖片的內容。

　　在此，我們建議使用「你能看到什麼？」以及「我能看到什麼？」的問題來交替詢問，以避免孩童未能真正理解題意而以猜測的方式去回答問題。如果孩童無法正確回答四題中的任何一題，就從這個階段開始教。

圖 3.1 在「簡單的視覺觀點取替」之評量與教學過程中,所使用的材料與教學
程序

　　教師拿起一張雙面圖卡,置於自己和孩童之間,讓孩童看到圖卡其中一
面的圖片,教師則看到圖卡另一面的圖片。

這一面:孩童的圖片
自我覺察性問題:你能看到什麼?

另一面:教師的圖片
他人覺察性問題:我能看到什麼?

教學程序

　　教師拿起一張雙面圖卡，交替詢問孩童自我覺察性問題與他人覺察性問題。

範例：在教師和孩童之間，拿起一張雙面圖卡（例如：蛋糕／茶壺）。

自我覺察性問題：「你能看到什麼？」
他人覺察性問題：「我能看到什麼？」（記得要變換問句的順序）。

教學
他人覺察性問題：當孩童回答不正確時。
你可以看到蛋糕，因為蛋糕是在你這一面的圖卡上。

（指著面向孩童的圖片）

但是，你看！我這一面的圖卡是什麼？我能看到什麼？（讓孩童看圖卡的另一面）

對。我可以看到茶壺。

（再次把蛋糕的圖卡轉回去面向孩童）

我看不到蛋糕，只有你可以看到蛋糕。

　　如同每一個階段一樣，如果孩童反應正確，教師應先給予增強，再藉由詢問孩童彼此可以看到「什麼」圖卡來加強孩童的理解。如果孩童的反應不正確，則立即提供正確的答案，這樣的作法主要是讓孩童理解自己與教師各自不同的觀點。

教學原則

　　無論孩童回答正確與否，必須持續提供孩童下列理解信念的基本原則。

人們認為事情是他們眼睛所看見的。如果他們沒有看到的東西,那麼他們就不會知道東西的存在。

階段二　複雜的視覺觀點取替

孩童在這階段不僅要去理解他人所看到的,也要能顯現出他人所看到的事物。這個階段要求孩童判斷兩個問題,第一個問題是「他人看到了什麼」;第二個問題則是「**如何將事物呈現在他人面前**」。

教材及評量步驟

教師使用孩童感興趣的圖卡,例如:

1. 米老鼠。
2. 茶壺。
3. 鬧鐘。
4. 大象(見圖3.2)。

建立基線

本階段,教師將一張有圖案的大型圖卡平放在教師與孩童之間的桌子或地板上,孩童看到的圖案方向是正確的,教師看到的圖案方向是顛倒的。例如,如果對孩童而言大象的方向是正確的,則教師所看到的大象是上下顛倒的。

接著教師詢問孩童:

他人覺察性問題:「我看到的大象,方向是正確的,或是顛倒的?」

　　讓孩童交替看到圖案是正確的或顛倒的放置是重要的，這樣才能避免孩童未能真正理解題意而以猜測的方式去回答問題。

　　如果孩童無法正確回答四題中的任何一題，就從這個階段開始教。

圖 3.2　在「複雜的視覺觀點取替」之評量與教學過程中，所使用的材料與教學程序

　　將圖卡平放在教師與孩童之間，讓教師或孩童其中一人看到的圖方向是正確的，另一人看到的圖方向是顛倒的。

正確的方向：孩童的角度所看到的圖案
自我覺察性問題：你看到的大象，方向是正確的，或是顛倒的？

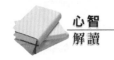
顛倒的方向：教師的角度所看到的圖案

他人覺察性問題：我看到的大象，方向是正確的，或是顛倒的？

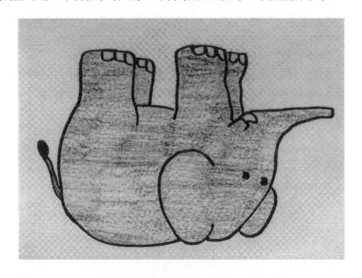

教學程序

在此的教學是從不同觀點出發，教師以交替詢問方式進行，要求孩童從自己的觀點與從教師的觀點來回答所看到圖案的方向。

範例：將一張圖卡（例如：米老鼠）平放在教師和孩童之間的桌子上，使孩童可以看到圖是正確或顛倒的。然後教師詢問孩童：

他人覺察性問題：「我看到的米老鼠，方向是正確的，或是顛倒的？」（改變圖案呈現的方向。）

教學

他人覺察性問題：當孩童回答不正確時。

看！你看到的米老鼠，它的方向是正確的。

而我看到的米老鼠是顛倒的。

我把圖卡轉過來，看看會怎麼樣。

（將圖卡轉過來，讓孩童看到圖卡上的米老鼠是顛倒的，教師看到的方向則是正確的。）

現在，我看到的米老鼠是正確的，而你看到的是顛倒的。

（另一種方式是把圖卡留在桌上，教師和孩童互換位置，讓孩童覺察各自不同的觀點。）

　　如同每一個階段一樣，如果孩童反應正確，教師應先給予增強，再藉由詢問孩童「為什麼？」或「到底是怎麼一回事？」等問題，來加強孩童的理解。如果孩童的反應是不正確的，則立即提供正確的答案，這樣的作法主要是讓孩童理解自己與教師各自不同的觀點。

教學原則

　　無論孩童回答正確與否，必須持續提供孩童下列理解信念的基本原則。

人們能用不同的觀點來看同一件事情。

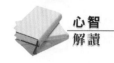

階段三　理解「看到導致知道」的原則

　　本階段是測試孩童理解他人只能知道自己（直接或間接）經歷過之事件的能力。就如同此教學方案先前所提的，教師透過只評估**看到**和**知道**之間的關聯，來簡化這個階段的教學（當然亦可進一步銜接**聽到**與**知道**或**感覺到**與**知道**間的關係）。

教材及評量步驟

　　1. 各種空盒子。

　　2. 一個玩偶或手偶。

　　3. 大小尺寸不同、但顏色相同的物品，例如：

　　　大支銀色的鑰匙／小支銀色的鑰匙。

　　　大支綠色的蠟筆／小支綠色的蠟筆

　　　大顆黃色的骰子／小顆黃色的骰子。

　　　大顆紅色的皮球／小顆紅色的皮球。

　　4. 顏色不同、但大小尺寸相同的物品，例如：

　　　一支黃色的鉛筆／一支綠色的鉛筆。

　　　一顆粉紅色的球／一顆藍色的球。

　　　一顆綠色的鈕釦／一顆白色的鈕釦。

　　　一條紅色的絲帶／一條藍色的絲帶。

　　挑選材料時，盡可能使用孩童感興趣的東西或日常生活中所使用的物品（見圖 3.3）。

圖 3.3　在「看到導致知道」之評量與教學過程中，所使用的材料與教學程序

「看到導致知道」教學中所使用的物品，如下所示：

可以用來藏各種物品的空盒子之範例。

一組可以被藏起來的物品之範例：需使用兩個顏色不同、但大小尺寸相同的物品。

一組可以被藏起來的物品之範例：需使用兩個大小尺寸不同、但顏色相同的物品。

建立基線

在此,列舉評估階段三的兩個範例,分別是:第一節「自我判斷」(self-judgement);以及第二節「他人判斷」(other-judgement)。評量應包括從兩節中所舉的一個例子,額外再加上一個新的例子。

當開始進行這些測驗時,教師先呈現一組物品,然後選擇其中一個物品放進空盒中,接著將另外一個物品收起來。在進行測驗時,教師需要求孩童在整個過程中保持專注。

一、自我判斷
材料:一個空盒、大支綠色蠟筆、小支綠色蠟筆。

讓我們來玩一個盒子藏東西的遊戲。

看看這些蠟筆。這是大支蠟筆,這是小支蠟筆。

我現在要把其中一支蠟筆藏進盒子裡。你要閉起眼睛,不可以偷看我放哪一支蠟筆!

(教師把大支蠟筆藏進空盒子裡,同時將小支蠟筆收起來)

知識問題(knowledge question):你知道是哪一支蠟筆在盒子裡嗎?
〔不知道〕

判斷問題(justification question):你為什麼不知道哪一支蠟筆在盒子裡呢?
〔因為我沒有看到……〕

二、他人判斷

材料：一個空盒、一個玩偶、一顆黃色的球和一顆藍色的球。

現在，讓我們來玩另一個盒子藏東西的遊戲。

Claire 要和我們一起玩。這是 Claire。

（呈現玩偶──Claire）

讓我們給 Claire 看球。

Claire 妳看，這是藍色的球，這是黃色的球。

現在，我們把其中一顆球放進盒子中。

我們把 Claire 放在這一邊，所以讓她看不到我們把哪一顆球放進盒子裡。

我們要放哪一顆球進去盒子裡呢？你可以選擇一顆球。

（鼓勵孩童選擇其中一個球放到盒子裡。如果他不知道怎麼做，此時教師可以協助孩童將黃色的球藏到盒子裡。）

現在，Claire 回來了。

我們讓 Claire 看到盒子裡面的球。

（移動 Claire 讓她可以看到盒子內部）

知識問題：Claire 知道哪一顆球在盒子裡嗎？

〔知道〕

判斷問題：Claire 怎麼知道盒子裡的球是黃色還是藍色？

〔因為 Claire 有看到〕

如果孩童答錯階段三的任何一個問題，就從這個階段開始教。

教學程序

　　教學時，教師隱藏物品的時候不能讓孩童看到，然後才開始詢問孩童一些「看到導致知道」的相關問題。

　　在這個測驗中，有兩種類型的任務：自我判斷及他人判斷。

範例：自我判斷

讓我們來玩盒子藏東西的遊戲。

看看這些蠟筆。這是大支蠟筆，這是小支蠟筆。

我現在要把其中一支蠟筆藏進盒子裡。你要閉上眼睛，不可以偷看我藏的是哪一支蠟筆！

（首先，教師把大支蠟筆藏進空盒子裡，同時也將小支蠟筆收起來。此時，教師要求孩童睜開眼睛。）

知識問題：你知道是哪一支蠟筆在盒子裡嗎？

判斷問題：你怎麼知道／為什麼你不知道是哪一支蠟筆在盒子裡？

教學

知識問題：當孩童回答不正確時。

你沒有看到我把哪支蠟筆放進盒子，所以你不知道放在盒子裡的是大支的蠟筆。如果你沒有看到，那麼你就不知道！

　　如同每一個階段一樣，如果孩童反應正確，教師應先給予增強，再藉由詢問孩童「為什麼知道？」或「你怎麼知道？」等問題來加強孩童的理解。如果孩童的反應不正確，則立即提供正確的答案，這樣的作法主要是讓孩童能夠理解彼此的覺察觀點。

教學原則

無論孩童回答正確與否，必須持續提供孩童下列理解信念的基本原則。

> 人們只會知道他們所看到的事件。如果他們沒有看到事件，那麼他們就不會知道。

階段四　依個人知識基礎來預測他人的行動

這階段要教導孩童理解真實信念，孩童必須以他人的信念為基礎來預測他人的行動。

教材及評量步驟

桌上型模型屋：可放置小物品的客廳和房間。

各種玩具家具。

物品（放置在不同的地點），例如：

1. 兩個紅色的小球。

2. 兩把雨傘。

3. 兩支蠟筆。

4. 兩本書等。

再次強調，盡可能地選擇可讓孩童感興趣的物品（見圖 3.4）。

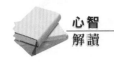

圖 3.4　在「真實信念」理解之評量與教學過程中，所使用的教材與教學程序

　　這裡的例子是一個真實信念的故事，故事中主角是 Bill，還有兩輛車子，以及一座模型屋。

讓我們和 Bill 以及模型屋來玩個遊戲吧！
看，桌上有一輛車子，櫃子裡也有一輛車子。
這是 Bill。
某天早上 Bill 看到桌上的車子，但他沒有看到櫃子裡的車子。

信念問題：Bill 認為車子在哪裡？
判斷問題：他為什麼認為車子是在桌子上？
行動問題（action question）：Bill 會去哪裡拿車子？
判斷問題：他為什麼會去桌子／櫃子找車子？

建立基線

　　有關評量真實信念的範例說明如下。教師需運用上述曾提及到的材料，並參考下列的範例，多進行兩次的評量。

材料：一個有兩個房間的桌上型模型屋／一個玩偶或指偶（Bill）／兩個不同
　　　的地點、床（在臥室）和桌子（在廚房）。

讓我們和 Bill 以及模型屋來玩個遊戲吧！

看，床上有一顆球，桌上也有一顆球。

（指給孩童看兩個放置的地點）

這是 Bill。

（Bill 在教師和孩童面前，離開了那個房子）

今天早上 Bill 看到有一顆球放在床上，但 Bill 並沒有看到桌上放有一顆球。

（適當地指出位置）

信念問題（belief question）：Bill 認為球在哪裡？〔在床上〕

判斷問題：他為什麼認為球是在床上？

　　　如果孩童在評量中答錯三個情境故事中的任何一個，就從這個階段開始
教。

教學程序

　　　在這個階段之教學，教師可以選擇使用一個玩偶和其他小物品，並詢問
孩童關於故事的行動問題、判斷問題和檢核問題。

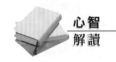

範例：讓我們和 Bill 以及模型屋來玩個遊戲吧！

看，床上有一顆球，桌上也有一顆球。

這是 Bill。今天早上 Bill 看到有一顆球放在床上，但 Bill 並沒有看到桌上放有一顆球。

（適當地指出位置）

行動問題：Bill 會去哪裡找球？

判斷問題：為什麼他認為球是在床上？

檢核問題（check question）：Bill 看到球在哪裡？

教學

知識問題：當孩童回答不正確時。

記住，Bill 看到有一顆球放在床上，所以 Bill 會去床上找球。

Bill 沒有看到球在桌上，所以他不會去桌上找球。

　　如同每一個階段一樣，如果孩童反應正確，教師應先給予增強，再藉由詢問孩童「主角會去哪裡找物品？」或「為什麼要去那裡找？」等問題來加強孩童的理解。如果孩童的反應不正確，則立即提供正確的答案，這樣的作法主要是讓孩童理解彼此的覺察觀點。

教學原則

　　無論孩童回答正確與否，必須持續提供孩童下列理解信念的基本原則。

人們認為東西在，是因為他們看到東西在那個地方，如果他們沒有看到東西，那麼他們就不會知道東西在哪裡。

階段五　理解錯誤信念

　　這一個階段說明如何使用正規的心智理論程序，來評量孩童理解他人可能持有錯誤信念的能力。我們運用以下兩種常見活動來說明：

　　活動一：未預期的換位置活動。
　　活動二：未預期的內容活動。

　　本階段，我們描述了各種用於錯誤信念教學的玩具，初步評量時，應至少包括其中一個活動。在此列舉兩個評量錯誤信念的步驟及需準備的材料，如以下說明。

教材及評量步驟

活動一：未預期的換位置活動

1. 桌上型模型屋（可自由選擇放置地點）及各式玩具家具。
2. 玩偶或布偶。
3. 小物品：
　　兩個錢包（黑色／紅色）。
　　兩個塑膠杯（藍色／黃色）。
　　兩個紙箱（黃色／紅色）。
　　兩個小櫃子。
　　錢幣。
　　球。
　　雨傘。
　　水桶。
　　或任何一種孩童特別感興趣的東西（見圖 3.5）。

圖 3.5　在「錯誤信念」理解（未預期的換位置活動）之評量與教學過程中，所使用的材料與教學程序

　　這裡的例子是一個錯誤信念（未預期的換位置）的故事，故事中有兩個主角 Kate 和 Bill，以及一個玩具車和桌上型模型屋。

讓我們和模型屋以及 Kate、Bill 來玩個遊戲。
看，Kate 把她的玩具車放在床上。

Kate 出去玩後，Bill 從門外走進來。Kate 看不到 Bill 在做什麼。
Bill 對 Kate 開了一個玩笑。他把 Kate 的玩具車放進櫃子裡。

Kate 回到房間裡。

信念問題：Kate 認為玩具車在哪裡？〔在床上。〕

判斷問題：她為什麼會認為車子在床上／在櫃子裡？

行動問題：Kate 會去哪裡找玩具車？

判斷問題：她為什麼會到床上／櫃子裡找玩具車？

活動二：未預期的內容活動

　　1. 各種盒子：

　　　　蠟筆盒。

　　　　巧克力豆罐子。

　　　　火柴盒。

　　　　彩色塑膠盒。

　　2. 未預期的內容物：

　　　　玩具車。

　　　　鉛筆。

　　　　鈕釦。

　　　　砂子等。

圖 3.6　在「錯誤信念」理解（未預期的內容活動）之評量與教學過程中，所使用的材料教學程序

　　這裡的例子是一個錯誤信念（未預期的內容活動）的教事，故事中使用巧克力豆罐子、鉛筆和洋娃娃。

這裡有一個巧克力豆罐子。

初級信念問題（initial belief question）：你認為罐子裡面是什麼東西？
讓我們來看看裡面有什麼東西。你能打開罐子嗎？
看，有鉛筆在裡面。讓我們再把罐子蓋上。

錯誤信念問題（false belief question）：在我們打開這個罐子之前，你認為裡面有什麼東西？
真實問題（reality question）：這裡面真正放的是什麼？

看這裡，這一位是 Rosie。

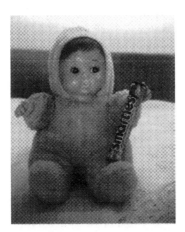

其他信念問題（other belief question）：Rosie 走進來並且看到這一個巧克力
豆罐子，她會認為罐子裡裝的是什麼？

建立基線

活動一：未預期的交換位置
材料：娃娃、一個黑色錢包、一個紅色錢包和一塊錢。

> 讓我們和 Claire 玩遊戲。
>
> 看，Claire 有一塊錢。
>
> 這裡有兩個錢包，一個黑色錢包和一個紅色錢包。
> Claire 把她的一塊錢放進黑色錢包。
>
> Claire 要出去玩了。
>
> （Claire 走出這個房間）
>
> Claire 在外面。她無法看到我們正在做什麼。
>
> 我們來跟 Claire 開個玩笑。我們把黑色錢包的一塊錢拿出來，並把它放進
> 紅色錢包。

信念問題：Claire 從外面進來了。Claire 會認為她的一塊錢在哪裡？
〔在黑色錢包裡〕

判斷問題：Claire 為什麼會認為是在〔黑色〕錢包裡？

活動二：未預期的內容

材料：糖果盒、鈕釦。

看，這裡有個糖果盒。

初級信念問題：你認為盒子裡裝了什麼東西？
〔糖果〕

讓我們來看看裡面有什麼東西。你能打開盒子嗎？
看，有鈕釦在裡面！
讓我們把盒子蓋上。

錯誤信念問題：在我們打開這個盒子之前，你認為裡面有什麼東西？
〔糖果〕

真實問題：這裡面真正放的是什麼？
〔鈕釦〕

其他信念問題：如果 Suzie 走進來並且看到這一個糖果盒，她會認為盒子裡裝的是什麼？
〔糖果〕

　　如果孩童在階段五的兩項活動中答錯任一項，就從這個階段開始教。

教學程序

教師利用移動玩具的手法來呈現故事情境，然後詢問孩童關於「發生了什麼事情？」的信念問題。

範例一：未預期的交換位置。

讓我們和 Claire 玩遊戲。看，Claire 有一塊錢。

這裡有兩個錢包，一個黑色錢包和一個紅色錢包。

Claire 把她的一塊錢放進黑色錢包。

Claire 要出去玩了。

（Claire 走出這個房間）

Claire 在外面。她無法看到我們正在做什麼。

我們來跟 Claire 開個玩笑。我們把黑色錢包的一塊錢拿出來，並把它放進紅色錢包。

Claire 從外面進來了。

信念問題：Claire 會認為她的一塊錢在哪裡？

判斷問題：Claire 為什麼會認為是在〔黑色〕錢包裡？

檢核問題：Claire 把一塊錢放在哪裡？

教學

信念問題：當孩童回答不正確時。

記住喔！Claire 沒有看到我們把一塊錢藏到紅色錢包裡，所以 Claire 並不知道紅色錢包裡有一塊錢。她不知道錢在那裡。Claire 會認為一塊錢在黑色錢包裡，因為她把一塊錢放入黑色錢包裡了。

範例二：未預期的內容。

看，這裡有個糖果盒。

初級信念問題：你認為盒子裡裝了什麼東西？
〔糖果〕

讓我們來看看裡面有什麼東西。你能打開盒子嗎？
看，有鈕釦在裡面！
讓我們把盒子蓋上。

錯誤信念問題：在我們打開這個盒子之前，你認為裡面有什麼東西？
〔糖果〕

真實問題：這裡面真正放的是什麼？
〔鈕釦〕

其他信念問題：如果 Suzie 走進來並且看到這一個糖果盒，她會認為盒子裡裝的是什麼？
〔糖果〕

教學

信念問題：（當孩童回答不正確時）
記住喔，Suzie 不知道這個糖果盒裡裝了鈕釦，她會認為裡面有糖果，是因為這是一個糖果盒。只有我們知道，裡面真正裝的是鈕釦。

　　如同每一個階段一樣，如果孩童反應正確，教師應先給予增強，再藉由詢問孩童故事情境中「主角人物在想什麼？」和「為什麼主角人物會這麼想？」等問題，來加強孩童的理解。如果孩童的反應不正確，則立即提供正確的答案，這樣的作法主要是讓孩童知道主角人物思考的方式。

教學原則

無論孩童回答正確與否，必須提供孩童下列理解信念的基本原則。

如果人們不知道事情發生了變化，那麼他們會覺得事情是一樣的。

4 發展假裝性遊戲

本篇我們朝向心智狀態方面的最後一類，我們已經發展出「假裝」（pre-tence）的教學方案。再一次，將教學分成五個階段。

❖ 假裝性遊戲的五個階段

階段一：感覺動作遊戲（sensorimotor play）

這個階段是孩童能簡單地操作玩具，包括：敲打、揮舞或吸吮物品。它還包括儀式性或刻板行為，如把玩具排成一直線和依大小或顏色來排列。

階段二：萌發功能性遊戲（emerging functional play）

這個階段發生在孩童使用社會慣用的方式來玩玩具，而且不是假裝的（例如：把一個杯子放在杯盤上；推動汽車向前走）。在十分鐘的觀察記錄期間，如果孩童表現出一個或兩個這種功能性遊戲，此階段即可得分。

階段三：建立功能性遊戲（established functional play）

在十分鐘的觀察記錄期間，當孩童操作整套玩具時，如果表現出至少三個或更多功能性遊戲，此階段即可得分。

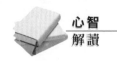
階段四(a)：萌發假裝性遊戲（emerging pretend play）

假裝性遊戲包括：

1. 物品的替代：把這個物體假裝成是另一物體。例如，孩童可以假裝積木是汽車。

2. 假裝性的歸類：在遊戲中將某件事的特性，透過假裝的方式由另一個對象來表現出來。例如，孩童的臉髒了，則必須要清洗；所以，當一個孩童會去清洗娃娃的臉，就是假裝娃娃的臉是髒的，在幫它清洗。

3. 使用想像的物品或情境：孩童在遊戲中利用想像，以行為表現出一些實際上並不存在的物品或情境。例如，拿一個空杯子喝水，即是想像空杯子裡有水；假裝汽車發生碰撞。

在十分鐘的觀察記錄期間，當孩童操作整套玩具時，如果自發性地表現出一個或兩個這種假裝性遊戲，此階段即可得分。

階段四(b)：假裝和真實的區別（the pretend-real distinction）

在此階段，教師演出一個假裝的動作，然後詢問孩童是否教師做的是真的或者只是假裝。如果孩童的回答正確即可得分。範例和材料會在下面說明。

階段五：建立假裝性遊戲（established pretend play）

在十分鐘的觀察記錄期間，如果孩童自發性地表現出最少三個或更多，或是在階段四(a)中出現兩個以上這種假裝性遊戲，此階段即可得分。

❖ 評量和教學假裝性遊戲

以下我們呈現一些活動範例和教學材料。期待教師能在過程中盡可能保持自我的想像力和彈性，可使用符合孩童感興趣的多元遊戲主題來引導，並考量孩童的心理年齡來選擇適合的活動。對自閉症孩童的教學，必須考量他們的發展水準，而不能單純地依據生理年齡來選擇教材。

由於在遊戲的進行期間做評量是很困難的，如果可以的話，建議以錄影的方式記錄觀察過程，事後再進行分析。評量期間應持續大約十分鐘。

教學材料與活動主題之建議

活動主題範例一：晚餐時間
準備材料：烹飪玩具和餐具玩具。

活動主題範例二：購物
準備材料：玩偶、購物裝備、玩具菜籃等。

活動主題範例三：去公園玩耍
準備材料：玩偶、搖椅、嬰兒玩偶、鞦韆、旋轉木馬等。

活動主題範例四：開車
準備材料：多個玩偶、多輛模型汽車、交通號誌、路燈、車庫等。

活動主題範例五：裝扮遊戲
圖片：警察、醫師、消防員。
服飾：警察制服、醫師服、消防員制服。
道具：警車、消防車、方向盤、聽診器、針筒等。

除了使用這些活動主題和材料之外，建議教師亦可多多「廢物利用」，來替代實際的物品，如下列範例：

回收利用之材料
木頭。
彩色的盒子。
彩色的黏土。
彩色的四方形物品。
彩色的絲帶。
色紙。

螢光環。

錫箔紙。

鞋帶。

棉花球。

吸管。

攪拌器。

單色紙卡。

建立基線

評量自發性遊戲——階段一、二、三、四(a)和五

　　教師宜使用上列其中一個活動主題來鼓勵孩童參與遊戲，並讓這活動持續十分鐘，活動期間不給予協助；如果孩童「完全無法進行任何一項活動」，則給予少許協助。在此，我們建議教師可依據前述「假裝性遊戲的五個階段」的定義，來評量孩童是否有達到階段一、二、三、四(a)和五的能力。

　　在孩童已達成「階段三：建立功能性遊戲」後，即可開始教導下面這個階段。

評量假裝和真實的區別——階段四(b)

　　當教師要評量「假裝和真實的區別」時，我們建議下列三個範例，其中包含：物品替代、假裝活動和假裝情境。評量過程中，教師應隨時說明這些情節佈局，且至少進行三次評量。

範例 1：物品替代

材料：一條繩子

讓我們來玩一個假裝性遊戲。

看！這是一條繩子。我們可以假裝這是別的東西。

現在我們來假裝它是〔一條蛇〕。

（假裝繩子是一條蛇，同時做出蛇發出的聲響和動作。例如，教師可以說：「看！蛇滑過草地，發出嘶嘶嘶的聲音。」）

我假裝這是一條蛇了，你也可以假裝這是一條蛇嗎？

（然後詢問測驗問題）

真實性問題：這是一條真的蛇嗎？

假裝性問題：我假裝這是一條蛇，還是我假裝這是一條繩子？

範例 2：假裝活動──刷牙

現在讓我們來玩另一個假裝性遊戲。

看！我要假裝做一件事情。

我要假裝刷我的牙齒。

（想像刷牙的動作，然後假裝你在刷牙。）

我假裝在刷牙。你也可以假裝刷牙嗎？

（繼續假裝刷牙的動作，然後詢問測驗問題。）

真實性問題：現在是真的在刷牙嗎？

假裝性問題：我現在是在假裝刷牙，還是我真的在刷牙？

範例 3：假裝情境──幫玩偶洗臉

材料：玩偶

現在讓我們來玩另一個假裝性遊戲。（手持玩偶）

看！我要假裝洗玩偶的臉。

我要假裝它的臉真的很髒。

（想像你拿著毛巾，然後假裝你在洗娃娃的臉。）

我假裝它的臉很髒，需要洗一洗。你可以假裝在幫它洗臉嗎？

（繼續假裝洗臉的動作，然後詢問測驗的問題。）

真實性問題：玩偶的臉真的是髒的嗎？

假裝性問題：是我假裝的，還是它的臉真的髒了？

　　如果孩童無法正確回答三個活動中任何一個真實性或假裝性問題，就要開始教導「假裝和真實的區別」的課程。

教學程序

提升假裝性遊戲的階段

　　此階段的目的是為了穩固孩童現階段的能力，將孩童的能力「提升」到下一個階段。例如，倘若孩童的能力是在「萌發功能性遊戲」的階段（階段二），則應提供更多階段二的遊戲形式，以幫助孩童成功提升到階段三的能力。

　　方框 4.1 至 4.3 呈現自發性假裝性遊戲的過程。這些方框內所舉的例子不僅是個別想像的遊戲，更可發展成象徵性（symbolic）和共享式遊戲（shared play）的活動。

以「去公園玩耍」遊戲為例

Billy[1] 是一個活潑的九歲半小男孩。他的口語心智年齡（verbal mental age）是九歲。

方框 4.1　自發性遊戲行為的範例

> Billy 從玩具箱中拿出鞦韆的模型，並且前後推動它。然後 Billy 用手指轉動旋轉木馬的模型。Billy 又從玩具箱中拿了塑膠球，把它拋到空中再接住。Billy 拿出一個玩偶，幫它戴上帽子。然後 Billy 拿起一根吸管吹了吹。Billy 從玩具箱中撿起一些螢光環，將它們丟到空中再接住。然後他拿起圓形的紙板搧風後，又把它丟上天空再接住。Billy 再次轉動旋轉木馬，然後把旋轉木馬放在手上轉動。Billy 再一次拋接住螢光環後，再把螢光環放在桌上滾動，接著拿起螢光環放在自己的手指上旋轉著。Billy 開始拋接塑膠球，然後，他想要在玩具箱中找到更多塑膠球。當找不到塑膠球時，Billy 撿起了一些硬紙板放回玩具箱裡面。Billy 回到玩具箱旁，把玩偶放入手推車。他再次拿起螢光環在自己的手指上旋轉。

下面一段，透過方框 4.2 和 4.3 的範例中教師和 Billy 之間的對話，來示範遊戲情境的教學狀況。第一個範例是在遊戲開始時，著重在材料的功能層面；第二個範例是在遊戲進行當中，教師透過回收利用之材料來引導孩童進行象徵性遊戲。方框中的對話旁增加了註釋，來說明遊戲情境中發生的事情。

1　「Billy」為虛構的名字。

方框 4.2　發展自發性遊戲：範例 1

對話紀錄	註釋
教師：你可以過來幫我的忙嗎？我沒有辦法全部做完。 Billy：接下來我該怎麼做？ 教師：我們一起來放玩偶。你看，這裡有很多玩偶。 Billy：放在哪裡？是這裡嗎？ 教師：對，就是那裡。	教師鼓勵 Billy 把玩偶放到旋轉木馬上，也就是依據玩具本身的功能來使用玩具。Billy 一開始在房間閒晃，後來他靠到教師旁邊並坐在地板上，接著他幫教師把玩偶放到旋轉木馬上。
Billy：那裡。 教師：把玩偶手舉高，拿著他。 Billy：那裡。 教師：就是這樣，你能幫我把其他的玩偶都放上去嗎？先幫我放上這個小男孩。	當 Billy 完成工作就坐回原來的位置，然後他獨自開始拋接螢光環。
Billy：我可以讓旋轉木馬轉快一點嗎？ 教師：可以啊，先幫我把玩偶放上去，我們就可以來轉旋轉木馬了。 Billy：我需要你的幫忙。 教師：真的嗎？ Billy：我不行，我需要幫忙。 教師：只要把玩偶的手臂舉高，讓他坐著，然後就可以把他放上去。一隻手放在這裡，另一隻手放那裡。	教師帶 Billy 回到玩旋轉木馬的遊戲情境，要求他完成一項指定任務。Billy 回到剛才教師給他任務的遊戲情境，接著他要求教師幫忙。
Billy：噢！ 教師：對！像這樣，非常好。你能和我一起放另外一個小女孩上去嗎？ Billy：我們在玩扮家家酒嗎？	Billy 持續配合進行這個遊戲。

（續）

教師：沒錯，我們在玩扮家家酒，你
　　　可以把這個玩偶放在這邊嗎？
　　　並且把她的手放上去。

Billy：我不行。

教師：哎呀，再試一次吧！

Billy：不要。　　　　　　　　　　　　　Billy坐回位置，把頭埋在手裡。Billy
　　　　　　　　　　　　　　　　　　　拒絕再試一次，並且看著教師。

教師：這個玩偶已經放好了。你可以　　　然後教師為了讓他持續融入在遊戲情
　　　把他壓下去嗎？就是這樣，做　　　境，重新指派Billy一個較容易達成的
　　　得好。現在已經有五個玩偶在　　　任務，這時Billy就願意配合。
　　　旋轉木馬上了。

Billy：我可以做什麼？

教師：你可以轉動他們嗎？　　　　　　　Billy轉動著載了玩偶的旋轉木馬。

Billy：我可以呀。你看！

教師：是的，他們會說「哇！好好玩　　　教師製造一些遊戲的狀況，假裝玩偶
　　　喔！」　　　　　　　　　　　　　在說話。

Billy：我要讓他們轉更快一點嗎？

教師：他們現在是倒著轉，要往前轉
　　　才能讓他們更快。

Billy：像這樣嗎？　　　　　　　　　　　Billy轉動旋轉木馬，結果讓上面的玩

教師：就是這樣。噢！玩偶掉下來了！　　偶掉下來。Billy 從教師手中拿回玩

Billy：噢，繼續吧！　　　　　　　　　　偶，並把玩偶重新放回旋轉木馬上。

教師：幫忙看看他受傷了嗎？哦，　　　　教師協助 Billy 把玩偶放回旋轉木馬
　　　對，就是這樣，我們再把他放　　　上。
　　　回去。這次最好讓玩偶用兩手
　　　抓著前面。

Billy：（唱歌）咻！要起飛囉！帶我
　　　回家。

教師：繼續旋轉吧！有個男孩要來推　　　Billy又失去興趣，他唱著自己的歌，
　　　這個小寶寶囉！　　　　　　　　　並開始再次轉動旋轉木馬。

Billy：推小寶寶？你看！

教師：推著小寶寶而且小寶寶去睡覺　　　Billy離開這個遊戲情境，又開始做起
　　　囉！寶寶睡著了嗎？　　　　　　　拋接螢光環的動作……

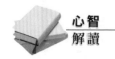

方框 4.3　發展自發性遊戲：範例 2

對話紀錄	註釋
教師：……接下來我們要做什麼呢？你想要做什麼？我們來做一個池塘好嗎？	教師先使用公園情境的玩具，並依照每個玩具的功能性來玩，然後移走這些玩具，接著使用一些回收利用之材料來取代這些玩具，並引導出更多的假裝性遊戲。
Billy：我們要這樣做嗎？	Billy 走到回收箱旁並開始亂翻。他發現一個長方形紙卡，並且拿著紙卡對著教師的臉吹氣。教師隨即假裝這是一個有風的日子，讓 Billy 拿紙卡進入這個遊戲情境。
教師：來吧！我們可以拿什麼東西來當作池塘？	
Billy：要嗎？你可以幫我嗎？	
教師：我會幫助你。	
Billy：你看！	Billy 開始拿著紙卡對著臉搧風。
教師：我們用這個當作池塘好嗎？	
Billy：不要！	
教師：那我們用這個來當作池塘呢？	
Billy：我喜歡吹氣。	
教師：噢！是嗎？今天是一個有風的日子？那麼我們該用什麼當作一個池塘呢？	教師轉移 Billy 的注意力，並且建議用一個綠色螢光環來當作池塘。
Billy：我喜歡吹氣。我喜歡用不同的東西吹氣。	Billy 拿起螢光環放在地板上。然後他拿起一根吸管放在嘴裡，要求教師看看他。
教師：讓我們用這個（綠色螢光環）來當作池塘好嗎？我們玩完這個遊戲就回家好嗎？我們就用這個來當作池塘好嗎？	教師重新把他的注意力拉回到這個活動，Billy 在回收箱尋找可以當作「鴨子」的材料。Billy 再次看到那個長方形紙卡，並開始對它吹氣。教師用黏土做出一隻鴨子。Billy 找到更多黏土。教師建議他使用這些黏土做出另一隻鴨子。
Billy：你看！	
教師：噢！放下來！我們還要放什麼在池塘裡呢？你可以找到一些鴨子嗎？我們可以用什麼來當作鴨子呢？	
Billy：我找到這個。	
教師：Billy，這是什麼？「嘎嘎，嘎嘎，嘎嘎，嘎嘎。」	

（續）

Billy：我可以把黏土黏在一起嗎？	教師幫 Billy 找到更多黏土。
教師：你可以捏出另外一隻鴨子嗎？我們做兩隻鴨子好嗎？你覺得呢？	
Billy：我不想要玩了。	
教師：再玩一下下好嗎？	
Billy：我們要把它（鴨子）放在哪裡？	
教師：我們把它（鴨子）放進池塘好嗎？	教師建議Billy把這些鴨子放進池塘。
Billy：在這裡嗎？	Billy完成後，把池塘（螢光環）整個拿起來，將鴨子（黏土）往上拋再接住。
教師：非常好。哎呀！小心，你最好把池塘放下來。對！把池塘放下來。	當教師要求他把池塘（螢光環）放下來，Billy 就離開這個遊戲情境。
Billy：不要。	教師轉換成餵鴨子的活動來喚回他的注意力。
教師：Billy，我們跟著玩偶一起去餵鴨子好嗎？	
Billy：喔？	
教師：我們來找一些鴨子的食物？	Billy 坐回原位。
Billy：你能幫我嗎？	Billy 在回收箱裡翻找。
教師：那麼我們要拿什麼來餵鴨子呢？	
Billy：你看！	
教師：那是什麼？	Billy 拿出跳繩給教師看。
Billy：跳繩。	
教師：跳繩，我們要假裝它是公園裡面的什麼東西嗎？	教師再一次利用 Billy 發現的物品從重新引導他回到遊戲的主題中。
Billy：不要。	教師把跳繩放在池塘旁邊，繼續同樣的活動。Billy 繼續在回收箱翻找。他發現一個鈕釦，並玩了起來。
教師：我們假裝這是樹林好嗎？讓我們把樹林移到池塘旁邊。我們可以再找到其他的樹林嗎？我們可以假裝這是樹林……？	

教導假裝和真實的區別——階段四(b)

範例1：物品替代

材料：一條繩子

如果孩童不能回答「真實性問題」：

（清楚地表明，你將要暫停假裝性遊戲。）

好了！現在我們要先暫停遊戲。我們仔細地看看它。你看，這真的是一條繩子，就像你的鞋帶。這不是蛇了！它當然不是真的蛇，我們剛剛只是在玩遊戲！它真正是（繩子）……它只是假裝（一條蛇）……

（如果有必要，需給予提示，直到孩童能正確回答。）

如果孩童不能回答「假裝性問題」：

（再一次假裝繩子是蛇。）

瞧，這是一條繩子。（指向繩子。）

但是，我假裝這是一條蛇。（竭盡所能地把那條繩子動得跟蛇一樣。）

瞧，它正要向你爬過來了……噢，我希望它不會咬我……

啊！它咬我，這條頑皮的蛇。

我們是不是在假裝它是一條蛇，或者我們假裝這是一條繩子？……

我們假裝這是一個……（如果有必要，需給予提示，直到孩童能正確回答。）

範例 2：假裝性活動──刷牙

如果孩童不能回答「真實性問題」：

（清楚地表明，你將要暫停假裝性遊戲。）

好了！現在我們要先暫停遊戲。我們仔細地看看──這是不是真的在刷牙……你看！這裡什麼東西也沒有！

我們沒有真的在（刷牙）……我們只是在（假裝刷牙的動作）……

（如果有必要，需給予提示，直到孩童能正確回答。）

如果孩童不能回答「假裝性問題」：

（再一次示範假裝動作。）

看！我假裝刷我的牙齒。我用很多牙膏，而且我很認真刷牙。我要把牙齒刷乾淨。你也要一起刷牙嗎？

我們正在假裝刷我們的牙齒嗎？還是我們真的在刷牙？……

我們是在……

（如果有必要，需給予提示，直到孩童能正確回答。）

　　如同每一個階段一樣，如果孩童的回答是正確的，教師應先給予增強，再藉由詢問孩童「我們在假裝／做什麼？」等問題，來加強孩童的理解。如果孩童的反應不正確，則立即提供正確的答案。

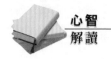
教學原則

這裡的教學原則是：

> - 我們可以假裝一個物品是另外一個物品。
> - 當人們假裝一樣物品是另外一個東西時，這樣物品依然是它原本的物品。
> - 人們可以假裝東西真的存在，即使事實上這些東西並不存在。

5 未來教學的方向

PART

在本書中，我們只呈現我們在教育現場或實驗情境中使用過的一些教學策略。我們希望可以清楚地說明，以最有效的方法來教導自閉症孩童心智解讀能力。在這最後一篇，我們將清楚地提出一些在這個領域的教學工作上，未來可以發展的一些方向。

❖ 透過他人的視線來判斷他人想要什麼、對什麼有興趣，或者下一步的行動

人們的視線提供了一個外在指標，以瞭解這個人想要什麼、有什麼打算，或對什麼感興趣。然而，最近實驗研究[1]發現：自閉症孩童比較無法瞭解人們視線所代表的意義。舉例來說，用圖 5.1 來詢問孩童：「Charlie 想要哪一個糖果呢？」自閉症孩童往往無法透過Charlie視線的線索來找出他所想要的糖果。取而代之，他們會選擇自己喜歡的那個糖果。相反地，對非自閉症孩童而言，他人的視線就像「自然的指引」（natural pointer）能用來判斷一個人的欲望、目標或興趣。因此，我們可以利用心智解讀的教學，來讓自閉症孩童學會透過他人的視線來判斷他人的想法。

❖ 利用照片來呈現他人的想法和信念

從最近另一項研究[2]，我們可以確定，如果讓自閉症孩童學會「心智就像

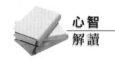

是一台照相機」，這樣他們就比較容易通過錯誤信念的測驗。值得注意的是，雖然目前沒有證據顯示這個新的能力能夠廣泛地類化。但是，我們在這裡提到這個方法，是因為用這樣的暗喻方式來持續對自閉症孩童進行教學，可以有效提升他們心智解讀的能力。

這個方法是簡單明瞭地告訴孩童，每當一個人在看任何事物時，不管在他們眼前的是什麼，眼睛就像相機一樣，把眼前的事物照下來。教師可以藉由照相的過程，來具體說明當人們在**眨眼睛**時，就像是**按**下相機的快門一樣。因此，自閉症孩童似乎較容易去想像，他們的腦中有一台相機[3,4]可以拍照。接下來教導孩童，當一個人想找某一個物品時，他們會依據腦中**照片**裡物品的地點去尋找他們所想要的物品。如果當他們不在場時，物品被移動過了，那麼他們腦中的照片就不符合現實狀況。此時的教學重點是要教導孩童，儘管腦中的照片是**老舊的**或不符合現實，但還是要依據這張舊有的照片來指出這個人想要找尋物品的地點。我們的初步研究發現，這種方法看起來應是可發展的方向。

圖 5.1 「Charlie 會選擇哪一個糖果呢？」（reprinted from Baron-Cohen et al., 1995）

這個方法更加具體。例如，在我們的研究中，我們首先使孩童熟悉相機的功能（我們使用拍立得相機或是數位相機，因為它可以即時顯示出影像）。接下來，我們設計眼窩挖洞的假人，從這具假人眼睛的洞所看出去的景象，剛好是拍立得相機拍出來的影像照片。這樣的方法不僅在教學過程中讓孩童產生很多樂趣，並且能補強自閉症孩童的教育需求。

❖ 使用「卡通式想法泡泡」來代表信念

上一段內容中所說的在腦中呈現照片的作法，使得我們發展出另一個更簡單的方法，這種新方法是以卡通式想法泡泡來替代照片。這是一個較為簡單的方法，因為它只要使用筆和紙，或在黑板上畫下來即可顯現出來。

你大概可以想像出進行的方法，第一步先教孩童卡通式想法泡泡的規定，並說明人們有什麼想法泡泡取決於他們在當下所看到的情景。其餘的步驟，和先前所述有關腦中呈現照片的方法相同，使用想法泡泡取代腦中呈現的照片，其實就是一種隱喻性的重要作法。

道德議題

當我們告訴自閉症孩童，他人的腦中有照片或想法泡泡時，可能會引起潛在的道德議題。由於人們的腦中不會真的出現照片或是泡泡（這是眾所皆知的！），因此可能會誤導自閉症孩童對想法泡泡的認知。告訴孩童這只是一個比喻，也許是**沒有**用的，然而我們用過更具體的語句去告訴自閉症孩童，「當人們知道一件事情時，就會**像是**有照片（或泡泡）出現在他們腦中一樣。」有些教師或許不擔心這一點，甚至認為這是不用注意的細節，這些教師認為，與其關注道德上的誤導，不如多關注在告訴自閉症孩童人們腦中有照片的這個作法可能會更有價值。不過在此，我們只是簡單提出這個議題來討論。

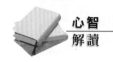
❖ 分享式注意力和同理心

　　最後，有些教師可能認為，本書的內容是人工且教條式的教學方法，要培養出真實的心智解讀能力，必須將焦點放在分享式注意力（joint attention）[5,6]和／或同理心（empathy）[7,8]等發展之先備能力上。這種不同的方式，對人際互動方面比較有效果，我們極為鼓勵教師多針對這些領域來努力，尤其是針對口語有限的自閉症孩童，或在本書未能詳述之其他類型孩童。本書末尾，我們想要表達的是，或許綜合所有的教學方法對自閉症孩童最有效果。然而，我們十分期待瞭解哪些對自閉症孩童是有效的，哪些對自閉症孩童是無效的，以擴展本書內容的使用效果。因為，嘗試就能成就一切。

參考文獻及註解

1. Baron-Cohen, S., Campbell, R., Karmiloff-Smith, A., Grant, J. and Walker, J. (1995). Are children with autism blind to the mentalistic significance of the eyes? *British Journal of Developmental Psychology.*
2. Swettenham, J.S., Gomez, J.-C., Baron-Cohen, S. and Walsh, S. (1996). What's inside a person's head? Conceiving of the mind as a camera helps children with autism develop an alternative theory of mind. *Cognitive Neuropsychiatry.*
3. Leslie, A.M. and Thaiss, L. (1992). Domain specificity in conceptual development: evidence from autism. *Cognition*, **43**, 225–251.
4. Leekham, S. and Perner, J. (1991). Does the autistic child have a metarepresentational deficit? *Cognition*, **40**, 203–218.
5. Baron-Cohen, S. (1989). Perceptual role-taking and protodeclarative pointing in autism. *British Journal of Developmental Psychology*, **7**, 113–127.
6. Baron-Cohen, S. (1994). How to build a baby that can read minds: Cognitive mechanisms in mindreading. *Cahiers de Psychologie Cognitive/Current Psychology of Cognition*, **13**(5), 513–552.
7. Yirmiya, N., Sigman, M., Kasari, C., and Mundy, P. (1992). Empathy and cognition in high functioning children with autism. *Child Development*, **63**, 150–160.
8. Hobson, R.P. (1993). Understanding persons: the role of affect. In S. Baron-Cohen, H. Tager-Flusberg and D.J. Cohen (eds). *Understanding Other Minds.* Oxford: Oxford University Press.

附錄 紀錄表的範例

　　為了有系統地掌握課程的進度情況，每次教學和評量時，應該要有完整紀錄。可利用下列紀錄表的範例，來記錄孩童在「情緒理解」和「信念理解」的學習表現，而教師也可以自編表格來使用。

❖ 情緒理解：紀錄表

情緒理解的階段

階段一：運用照片識別臉部表情。

階段二：運用圖片識別情緒。

階段三：辨識以情境為基礎的情緒。

階段四：辨識以欲望為基礎的情緒。

階段五：辨識以信念為基礎的情緒。

紀錄表使用說明

1. 本測驗共五個階段，需依序從階段一開始評量孩童的基礎能力。

2. 每個階段，教師隨機選取該階段的四個題目來測驗自閉症孩童，若孩童答對此階段的四個題目，即表示通過該階段。

3. 要通過階段三至階段五，孩童需回答該階段的情緒故事問題，且教師需記錄孩童判斷的理由。

4. 如果孩童答錯該階段的任一個問題，就從這個階段開始教。

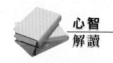
5. 孩童要依序通過本測驗的每個階段,才可以進入下一個階段,千萬不可任意提前。

6. 在每個階段間,教師需注意教學過程中,孩童可能需要退回前一個階段再次進行教學,而非只是依順序進行每一個階段的學習。

情緒理解:紀錄表

孩童姓名:_____

教師姓名:_____

教學天數:_____ 日期:_____

階段一:運用照片識別臉部表情(回答正確的打「✓」,回答錯誤的打「✗」)。

情緒表情	回答	其他反應
高興	☐	
難過	☐	
生氣	☐	
害怕	☐	

情緒理解：紀錄表

孩童姓名：_____

教師姓名：_____

教學天數：_____　日期：_____

階段二：運用圖片識別情緒（回答正確的打「✓」，回答錯誤的打「✗」）。

情緒表情	回答	其他反應
高興	☐	
難過	☐	
生氣	☐	
害怕	☐	

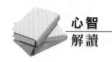

情緒理解：紀錄表

孩童姓名：_____

教師姓名：_____

教學天數：_____ 日期：_____

階段三：辨識以情境為基礎的情緒（回答正確的打「✔」，回答錯誤的打「✗」）。

情境故事編號	情緒情境	回答	孩童判斷的理由
_____	高興	☐	
_____	難過	☐	
_____	生氣	☐	
_____	害怕	☐	
附註			

情緒理解：紀錄表

孩童姓名：_____

教師姓名：_____

教學天數：_____　日期：_____

階段四：辨識以欲望為基礎的情緒（回答正確的打「✓」，回答錯誤的打
　　　　「✗」）。

情境故事編號	欲望回答	情緒結果	情緒回答	孩童判斷的理由
_____	☐	高興	☐	
_____	☐	難過	☐	

附註

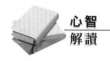

情緒理解：紀錄表

孩童姓名：_____

教師姓名：_____

教學天數：_____ 日期：_____

階段五：辨識以信念為基礎的情緒（回答正確的打「✓」，回答錯誤的打
「✗」）。

情境故事編號	欲望	信念	情緒	回答和判斷理由	情緒	回答和判斷理由
_____	☐	☐	高興	☐	高興	☐
_____	☐	☐	難過	☐	難過	☐
_____	☐	☐	高興	☐	難過	☐
_____	☐	☐	難過	☐	高興	☐

附註

❖ 信念理解：紀錄表

信念理解的階段

階段一：簡單的視覺觀點取替。

階段二：複雜的視覺觀點取替。

階段三：理解「看到導致知道」的原則。

階段四：依個人知識基礎來預測他人的行動。

階段五：理解錯誤信念。

紀錄表使用說明

1. 本測驗共五個階段，需依序從階段一開始評量孩童的基礎能力。

2. 每個階段，教師隨機選取該階段的三個題目來測驗自閉症孩童，若孩童答對此階段的三個題目，即表示通過該階段。

3. 要通過階段三，孩童需正確回答該階段的知識問題，且教師需記錄孩童判斷的理由。

4. 要通過階段四和階段五，孩童需正確回答該階段的信念問題，且教師需記錄孩童判斷的理由。

5. 如果孩童答錯該階段的任一個問題，就從這個階段開始教。

6. 孩童要依序通過本測驗的每個階段，才可以進入下一個階段，千萬不可跨越任一階段。

7. 在每個階段間，教師需注意教學過程中，孩童可能需要退回前一個階段再次進行教學，而非只是依順序進行每一個階段的學習。

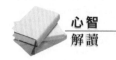

信念理解：紀錄表

孩童姓名：＿＿＿＿＿＿＿＿＿＿＿＿＿＿＿＿＿＿＿＿＿

教師姓名：＿＿＿＿＿＿＿＿＿＿＿＿＿＿＿＿＿＿＿＿＿

教學天數：＿＿＿＿＿＿＿＿＿＿＿＿＿＿＿＿　日期：＿＿＿＿＿＿＿＿＿

階段一：簡單的視覺觀點取替（回答正確的打「✔」，回答錯誤的打「✗」）。

圖卡內容	我看到？	你看到？	附註
1.＿＿＿＿＿＿	☐	☐	
2.＿＿＿＿＿＿	☐	☐	
3.＿＿＿＿＿＿	☐	☐	

信念理解：紀錄表

孩童姓名：_____

教師姓名：_____

教學天數：_____　　日期：_____

階段二：複雜的視覺觀點取替（回答正確的打「✓」，回答錯誤的打「✗」）。

圖卡內容	我看到？	你看到？	附註
1._____	☐	☐	
2._____	☐	☐	
3._____	☐	☐	

信念理解：紀錄表

孩童姓名：_____

教師姓名：_____

教學天數：_____ 日期：_____

階段三：理解「看到導致知道」的原則（回答正確的打「✓」，回答錯誤的
打「✗」）。

物品名稱	自我判斷	孩童判斷的理由
自己知道 1._____	☐	
自己不知道 2._____	☐	

物品名稱	他人判斷	孩童判斷的理由
他人知道 3._____	☐	
他人不知道 4._____	☐	

附註

_____

信念理解:紀錄表

孩童姓名:＿＿＿＿＿＿＿＿＿＿＿＿＿＿＿＿＿＿＿＿

教師姓名:＿＿＿＿＿＿＿＿＿＿＿＿＿＿＿＿＿＿＿＿

教學天數:＿＿＿＿＿＿＿＿＿＿＿＿＿ 日期:＿＿＿＿＿＿＿＿＿

階段四:依個人知識基礎來預測他人的行動(回答正確的打「✓」,回答錯誤的打「✗」)。

物品名稱	信念問題	行動問題	孩童判斷的理由
1.＿＿＿＿＿＿	☐	☐	
2.＿＿＿＿＿＿	☐	☐	
3.＿＿＿＿＿＿	☐	☐	

附註

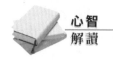
信念理解：紀錄表

孩童姓名：＿＿＿＿＿＿＿＿＿＿＿＿＿＿＿＿＿＿＿

教師姓名：＿＿＿＿＿＿＿＿＿＿＿＿＿＿＿＿＿＿＿

教學天數：＿＿＿＿＿＿＿＿＿＿＿＿＿＿　日期：＿＿＿＿＿＿＿＿＿

階段五：理解錯誤信念（回答正確的打「✓」，回答錯誤的打「✗」）。

活動內容	信念和判斷理由	行動和判斷理由
未預期的換位置(1) 1.＿＿＿＿＿	☐	☐
未預期的換位置(2) 2.＿＿＿＿＿	☐	☐

活動內容	信念問題	其他信念問題	孩童判斷的理由
未預期的內容 3.＿＿＿＿＿	☐	☐	

附註

假裝性遊戲：紀錄表

觀察孩童的自發性遊戲，並且將孩童能力的階段記錄下來：

第一階段：感覺動作遊戲。

第二階段：萌發功能性遊戲（兩個或更少的例子）。

第三階段：建立功能性遊戲（超過兩個例子）。

第四階段：萌發假裝性遊戲（兩個或更少的例子）。

第五階段：建立假裝性遊戲（超過兩個例子）。

孩童姓名：＿＿＿＿＿＿＿＿＿＿＿＿＿＿＿＿＿＿＿＿＿＿＿

教師姓名：＿＿＿＿＿＿＿＿＿＿＿＿＿＿＿＿＿＿＿＿＿＿＿

教學天數：＿＿＿＿＿＿＿＿＿＿＿＿＿＿＿＿　日期：＿＿＿＿＿＿＿

自發性遊戲的階段（起點行為）：☐

說明自發性遊戲的活動：

經教學之後，遊戲所達到的階段：☐

心智
解讀

說明教學過程中的遊戲活動：

_____

附註

_____

_____

國家圖書館出版品預行編目（CIP）資料

心智解讀：自閉症光譜障礙者之教學實用手冊／
Patricia Howlin, Simon Baron-Cohen, Julie Hadwin 著 ;
王淑娟等譯. -- 初版. -- 臺北市：心理, 2011.04
　面；　公分（障礙教育系列；63105）
　譯自：Teaching children with autism to mind-read: a
　practical guide for teachers and parents
　ISBN 978-986-191-422-0（平裝）

1.特殊兒童教育　2.自閉症　3.心智發展

529.6　　　　　　　　　　　　　　100002873

障礙教育系列 63105

心智解讀：自閉症光譜障礙者之教學實用手冊

作　　　者：Patricia Howlin, Simon Baron-Cohen & Julie Hadwin
總 校 閱：王淑娟
譯　　　者：王淑娟、周怡君、黃雅祺、賴珮如
執行編輯：高碧嶸
總 編 輯：林敬堯
發 行 人：洪有義
出 版 者：231 心理出版社股份有限公司
地　　　址：新北市新店區光明街 288 號 7 樓
電　　　話：(02) 29150566
傳　　　真：(02) 29152928
郵撥帳號：19293172　心理出版社股份有限公司
網　　　址：http://www.psy.com.tw
電子信箱：psychoco@ms15.hinet.net
排 版 者：鄭珮瑩
印 刷 者：竹陞印刷企業有限公司
初版一刷：2011 年 4 月
初版七刷：2021 年 1 月
I S B N：978-986-191-422-0
定　　　價：新台幣 350 元